POR QUE CRESCE A VIOLÊNCIA
NO BRASIL?

LUÍS FLÁVIO SAPORI
GLÁUCIO ARY DILLON SOARES

POR QUE CRESCE A VIOLÊNCIA NO BRASIL?

Editora
PUCMINAS   autêntica

@ 2014 Luís Flávio Sapori e Gláucio Ary Dillon Soares

Todos os direitos reservados pela Editora PUC Minas. Nenhuma parte desta publicação poderá ser reproduzida sem a autorização prévia da Editora.

PONTIFÍCIA UNIVERSIDADE CATÓLICA DE MINAS GERAIS
GRÃO-CHANCELER: Dom Walmor Oliveira de Azevedo
REITOR: Dom Joaquim Giovani Mol Guimarães
VICE-REITORA: Patrícia Bernardes
PRÓ-REITOR DE PESQUISA E DE PÓS-GRADUAÇÃO: Sérgio de Morais Hanriot

EDITORA PUC MINAS
DIRETOR: Paulo Agostinho Nogueira Baptista
COORDENAÇÃO EDITORIAL: Cláudia Teles de Menezes Teixeira
ASSISTENTE EDITORIAL: Maria Cristina Araújo Rabelo
REVISÃO: Virgínia Mata Machado
DIVULGAÇÃO: Danielle de Freitas Mourão
COMERCIAL: Maria Aparecida dos Santos Mitraud

PROJETO GRÁFICO, DIAGRAMAÇÃO: Eduardo Magalhães Salles   CAPA: Alberto Bitencourt

CONSELHO EDITORIAL: Ângela Vaz Leão (PUC Minas); Caio Boschi (PUC Minas); João Francisco de Abreu (PUC Minas); Mário Neto (Fapemig); Milton do Nascimento (PUC Minas); Otávio Dulci (PUC Minas); Paulo Agostinho Nogueira Baptista (Diretor da Editora PUC Minas) PUC Barreiro; Patrus Ananias de Sousa; Sérgio de Morais Hanriot (PUC Minas).

Dados Internacionais de Catalogação na Publicação (CIP)
(Câmara Brasileira do Livro, SP, Brasil)

Sapori, Luís Flávio
  Por que cresce a violência no Brasil? / Luís Flávio Sapori, Gláucio Ary Dillon Soares. -- Belo Horizonte : Autêntica Editora : Editora PUC Minas, 2014.

  ISBN 978-85-8217- 505-7 (Autêntica Editora)
  ISBN 978-85-8229-023-1 (Editora PUC Minas)

  1. Criminalidade - Aspectos sociais 2. Comportamento humano - Aspectos sociais 3. Políticas públicas 4. Problemas sociais 5. Segurança pública - Brasil 6. Violência - Aspectos sociais I. Soares, Gláucio Ary Dillon. II. Título.

14-09885   CDD-363.320981

Índices para catálogo sistemático:
1. Brasil : Violência : Problemas sociais 363.320981

EDITORA PUC MINAS: R. Dom Lúcio Antunes, 180 • Coração Eucarístico • 30535-630 • Belo Horizonte • Minas Gerais • Brasil • Tel.: (31) 3319.9904 • Fax: (31) 3319.9901 • editora@pucminas.br • www.pucminas.br/editora

AUTÊNTICA EDITORA LTDA.

Belo Horizonte
Rua Aimorés, 981, 8º andar • Funcionários
30140-071 • Belo Horizonte • MG
Tel.: (55 31) 32145700

Televendas: 0800 283 13 22
www.autenticaeditora.com.br

São Paulo
Av. Paulista, 2.073, Conjunto Nacional, Horsa I
23º andar, Conj. 2.301 • Cerqueira César
01311-940 • São Paulo • SP
Tel.: (55 11) 3034 4468

Sumário

Introdução 7

1 O Brasil é um país muito violento 11

2 O Brasil da inclusão social 23

3 As causas do crime 35

4 Jovens, drogas e violência 65

5 Impunidade e violência no Brasil 81

6 É possível reduzir a violência 101

7 Conclusão 129

Bibliografia 133

Introdução

HÁ DÉCADAS A VIOLÊNCIA é um problema grave no Brasil. Porém, os governos acordaram para a gravidade do problema e seu significado político há um tempo consideravelmente menor, em resposta ao clamor popular por mais segurança, revelado por múltiplas pesquisas de opinião. Os estados não responderam a esse clamor no mesmo momento: alguns responderam há algum tempo, ao passo que outros ainda devem uma resposta. Mesmo onde houve resposta, a reação da elite política a essa demanda ainda é muito modesta. Governantes e membros dos legislativos, em todos os níveis, não conseguiram identificar saídas para o problema. Há um imobilismo decisório, em vários estados, que alimenta soluções extralegais para garantir a ordem pública. Fazer justiça com as próprias mãos torna-se uma alternativa considerada pelos cidadãos, o que é séria ameaça às instituições democráticas. Pior: com frequência são feitas injustiças com as próprias mãos. Inocentes são vitimados e até mortos. São violados os direitos mais elementares de criminosos – que têm direitos que todos os seres humanos temos.

Esse imobilismo decisório se deve, em parte, à ausência de diagnóstico preciso do que está acontecendo no país. Por que são cometidos tantos homicídios no Brasil? Por que somos uma sociedade tão violenta? E os milhares de assaltos, arrastões, roubos e furtos que nos atormentam diariamente? A resposta mais comum para tais perguntas é mecânica, e apela para a pobreza e a desigualdade social que caracterizam o Brasil. Esse diagnóstico automático não deriva de pesquisas criteriosas, mas de cacoetes teóricos e ideológicos. A violência do dia a dia seria a consequência da falta de saúde, educação, moradia, saneamento básico e emprego, que afeta grande parte da população. A alta criminalidade e a violência elevada seriam o preço que pagamos pelas injustiças sociais do país.

É uma explicação sedutora. Está entranhada no senso comum das pessoas e numa herança teórica. É o momento, entretanto, de colocarmos em xeque essa "verdade inquestionável", buscando verificar seu poder de explicação e seus limites. Há tendências que contradizem esse determinismo automático: o Brasil está se tornando mais violento ao mesmo tempo em que melhoram as condições de vida da população, particularmente de seus segmentos mais pobres, uma tendência documentada, presente desde 1994, com o controle da inflação, reforçado pelas políticas sociais implementadas nos anos 2000 e pelo crescimento econômico experimentado entre 2004 e 2011.

Como explicar o crescimento da violência em um país que avançou, e muito, na redução da pobreza? A economia está mais próxima do pleno emprego e os assaltos, furtos e roubos estão em alta. Como isso é possível? Comparando regiões, a mesma constatação nega o que considerávamos verdade indiscutível:

o crime e a violência cresceram nas que mais prosperaram e reduziram a desigualdade. O que se passa neste país? Um diagnóstico mais apurado da realidade é imperativo. A violência na sociedade brasileira não pode ser compreendida somente pelos fatores econômicos e sociais. A equação é mais rica, mais complexa. Esse é o cerne deste livro. Nosso objetivo é mostrar que outros fatores estão impactando diretamente a incidência dos crimes violentos no cotidiano das cidades brasileiras. Apresentamos dados de diferentes tipos para sustentar nossa análise. Estudando vários casos, dentro e fora do Brasil, de controle e redução da violência e do crime, apresentamos políticas públicas que deram certo e apontamos soluções. Os governos e suas políticas contam. É possível reduzir o crime e a violência no Brasil.

O debate sobre a violência está recheado de preconceitos e generalizações simplistas. A cobertura sensacionalista que alguns órgãos de comunicação fazem dos fatos criminosos dissemina o medo e não acrescenta informações relevantes. Infelizmente, notícias boas vendem pouco, confirmando o ditado de que *good news are bad news*. Além disso, há ideologias de esquerda e de direita cujo dogmatismo dificulta nosso entendimento do problema.

Há muitos "achismos". Muitos palpiteiros "acham alguma coisa" sobre a criminalidade no Brasil. Não basta; achar apenas prejudica. O problema é grave e exige saber científico para sua solução. Tampouco basta produzir esse saber, que deve ser disponibilizado ao cidadão brasileiro de forma clara e objetiva. Acima de tudo, esse conhecimento deve ser transformado em políticas públicas implementadas.

Essas são as razões para escrever este livro, que não é dirigido somente aos especialistas e profissionais da segurança pública. Pretendemos atingir um público mais amplo, particularmente o cidadão cuja vida encolheu e cuja qualidade de vida baixou em resposta ao crescimento da criminalidade e da violência. Para tornar a leitura mais agradável, evitamos citações constantes de outros pesquisadores cujas ideias fundamentaram nossos argumentos. Na bibliografia esses pesquisadores estão listados.

Em síntese, esperamos que o livro ajude o leitor a entender por que um país que avança nos indicadores socioeconômicos não consegue reduzir a violência.

1

O Brasil é um país muito violento

A BANALIZAÇÃO DOS homicídios é fenômeno que caracteriza o cotidiano brasileiro. São mais de 130 assassinatos por dia, concentrados principalmente nas regiões metropolitanas e cidades de porte médio do interior. A arma de fogo está presente em 90% dos casos e, em muitos deles, as vítimas são alvejadas por mais de cinco disparos. Não são incomuns as ocorrências caracterizadas por verdadeiras chacinas, com duas ou mais vítimas. E essa violência nossa de cada dia está em ascensão.

Passemos a analisar a dinâmica dos homicídios na sociedade brasileira nos últimos 30 anos. O número de vítimas de homicídios no país saltou de pouco mais de 10 mil por ano no início dos anos 1980 para mais de 50 mil em anos recentes. Se somarmos o total de brasileiros assassinados nesse período de três décadas, obtemos um número assustador: 1.145.908 vítimas de homicídios (Gráf. 1).

É importante analisar não apenas os números absolutos, pois nesse período o crescimento populacional no país também foi expressivo. Para tanto, consideremos as taxas de homicídios que correspondem ao número de homicídios por 100 mil habitantes (Gráf. 2).

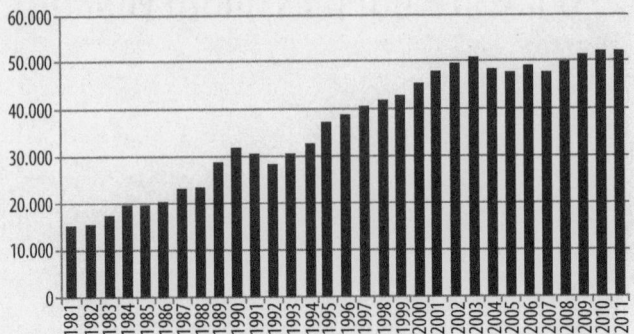

GRÁFICO 1. Número absoluto de vítimas de homicídios. Brasil, 1981 a 2011.
Fonte: Datasus, Ministério da Saúde.

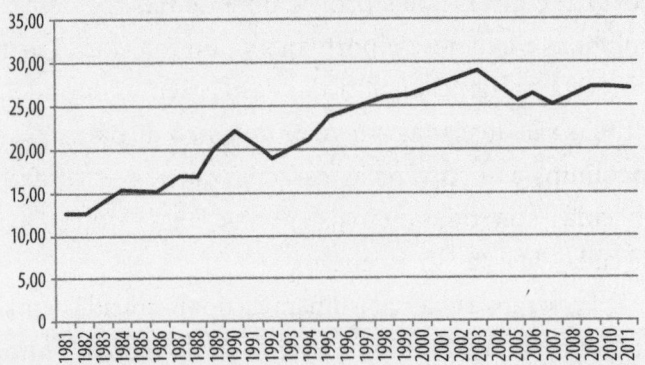

GRÁFICO 2. Taxa de homicídios. Brasil, 1981 a 2011.
Fonte: Datasus, Ministério da Saúde.

A taxa anual de homicídios no Brasil mais do que dobrou no período, saltando de 12 homicídios por 100 mil habitantes em 1981 para 27 homicídios por 100 mil habitantes em 2011.

Analisando-se com mais cuidado o Gráfico 2, é possível observar que a taxa de homicídios caiu de 2004 a 2007, mantendo-se em estabilidade nos anos seguintes. Isso ocorreu não porque a violência parou de crescer no país. Na verdade, a dinâmica do fenômeno foi muito afetada pela performance do estado de São Paulo no período. Esse foi o único estado brasileiro que entre 2001 e 2011 apresentou queda contínua da taxa de homicídios, superior a 60% em todo o período. Como São Paulo é o estado mais populoso do Brasil e seu patamar de homicídios sempre foi elevado, quando o número de vítimas de homicídios começou a se reduzir, houve reflexo inevitável na taxa do país como um todo.

Analisando a taxa de homicídios do Brasil desconsiderando os números de São Paulo, inclusive a população, obtemos evidências contundentes do que ocorreu no país no que concerne à violência urbana. A taxa de homicídios apresentou crescimento contínuo – 46% entre o final dos anos 1990 e 2010. Saltou do patamar de 21 homicídios por 100 mil habitantes para 31 homicídios por 100 mil habitantes.

A VIOLÊNCIA NO TERRITÓRIO NACIONAL

A incidência de homicídios no Brasil cresceu em ritmo mais acentuado nas Regiões Norte e Nordeste nos anos 2000, conforme Gráfico 3. Em ambas a taxa de homicídios saltou de 15 para mais de 35 homicídios por 100 mil habitantes, ou seja, crescimento superior a 100% entre 1999 e 2010. No Centro-Oeste e no Sul também houve incremento de homicídios, ainda que em patamares mais modestos. A Região Sudeste, por sua vez, destoou das demais, manifestando expressiva redução na incidência de homicídios, com destaque para

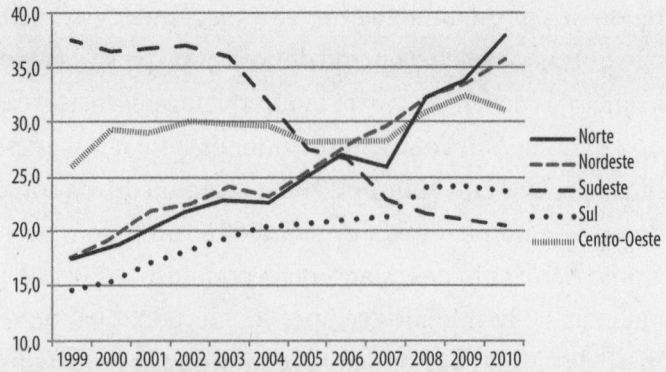

GRÁFICO 3. Taxa de homicídios. Regiões do Brasil.
Fonte: Datasus, Ministério da Saúde.

São Paulo, Minas Gerais e Rio de Janeiro, sendo que os dois últimos estados tiveram queda de homicídios apenas na segunda metade da década de 2000-2010.

Não é inusitada, portanto, a constatação de que entre os cinco estados com maiores taxas de homicídios no ano de 2011, quatro pertencem ao Nordeste e Norte do Brasil, quais sejam, Alagoas, Pará, Bahia e Pernambuco. O mesmo fenômeno é observado nas capitais brasileiras, destacando-se Maceió, João Pessoa, Salvador e Belém.

Esse dado é importante porque revela uma mudança na dinâmica espacial do fenômeno na sociedade brasileira. Se na década de 1990 o Sudeste capitaneou boa parte do recrudescimento da violência urbana, especialmente no Rio de Janeiro e São Paulo, na década seguinte os estados nordestinos assumiram proeminência surpreendente. A única exceção é o estado de Pernambuco, que desde 2007 vem apresentando taxas de homicídios decrescentes (Gráf. 4 e 5).

O Brasil é um país muito violento

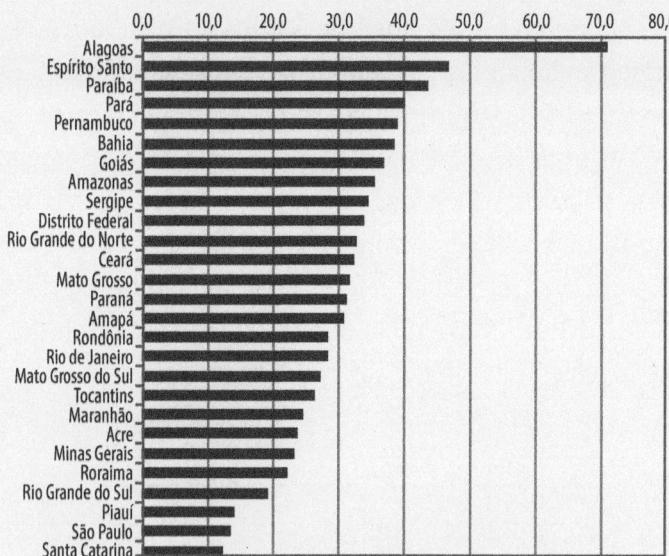

GRÁFICO 4. Taxa de homicídios. Estados brasileiros – 2011.
Fonte: Datasus, Ministério da Saúde.

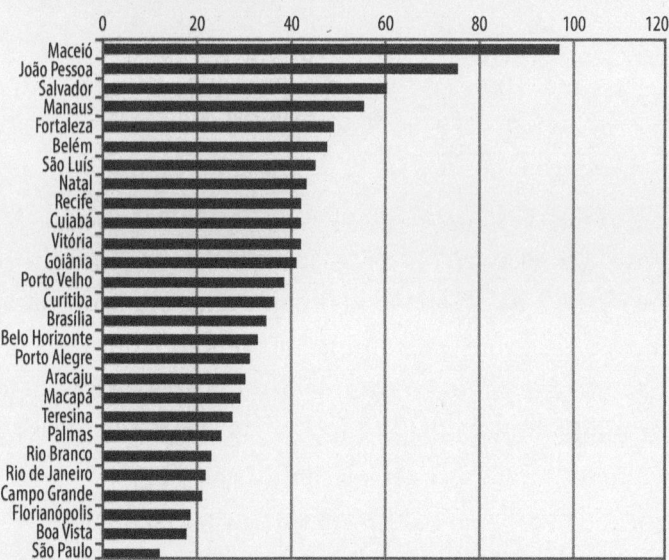

GRÁFICO 5. Taxa de homicídios – Capitais brasileiras – 2011.
Fonte: Datasus/Ministério da Saúde.

Se a magnitude dos homicídios correspondentes ao conjunto da população já pode ser considerada muito elevada, a relativa ao grupo jovem adquire caráter de epidemia. Os jovens de 15 a 24 anos representam 18% da população total do país e 36,6% das vítimas de homicídios em 2011. A taxa de homicídios de jovens do Brasil em 2011 foi de 53,4 por 100 mil habitantes, praticamente o dobro da taxa nacional. Entre 2001 e 2011 foram assassinados mais de 203 mil jovens no país (Gráf. 6).

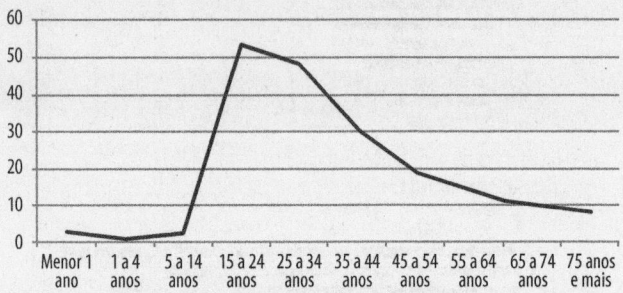

GRÁFICO 6. Taxa de homicídios por faixa etária. Brasil, 2011.
Fonte: Datasus, Ministério da Saúde.

A distribuição dos homicídios também não é igualitária quando se leva em consideração o gênero. A vitimização homicida no país é fundamentalmente masculina, no patamar de 92%. O número de vítimas do gênero feminino tem se mantido constante nos últimos anos, cerca de 8% do total de homicídios. Ainda assim, em 2011, mais de quatro mil mulheres foram assassinadas no Brasil.

No que diz respeito à cor, a participação branca no total de homicídios do país é bem inferior à participação negra. Em 2011, as vítimas brancas representaram 28,2% e as negras 71,4%.

Analisando todos esses dados estatísticos, identificamos o perfil básico da vítima de homicídios na sociedade brasileira: homens (1), jovens (2) e negros (3).

COMPARANDO O BRASIL COM O RESTO DO MUNDO

Comparando-se o Brasil com parâmetros internacionais, a taxa de homicídios no Brasil é elevada. Cerca de 40% dos países no mundo têm taxas inferiores a três homicídios por 100 mil habitantes, ao passo que 17% dos países apresentam taxas superiores a 20 homicídios por 100 mil habitantes, identificando-se alguns que alcançam taxas acima de 50 por 100 mil habitantes. As regiões mais violentas do planeta são a África, excetuando os países do norte, e as Américas, excetuando os países da América do Norte, com taxas médias superiores a 15 homicídios por 100 mil habitantes. Os países da Europa, Ásia e Oceania apresentam taxas médias de homicídios abaixo de três por 100 mil habitantes.

No Mapa 1 podemos visualizar com maior precisão que as taxas de homicídios no Brasil nos colocam entre os países mais violentos do mundo. Considerando apenas as Américas, estamos entre os dez países mais violentos.

INCIDÊNCIA DE ROUBOS

A violência urbana no Brasil não se limita aos homicídios. Os crimes contra o patrimônio, em especial os roubos, também devem ser considerados na análise. Nesse quesito nosso país revela números preocupantes. Segundo o **Anuário**

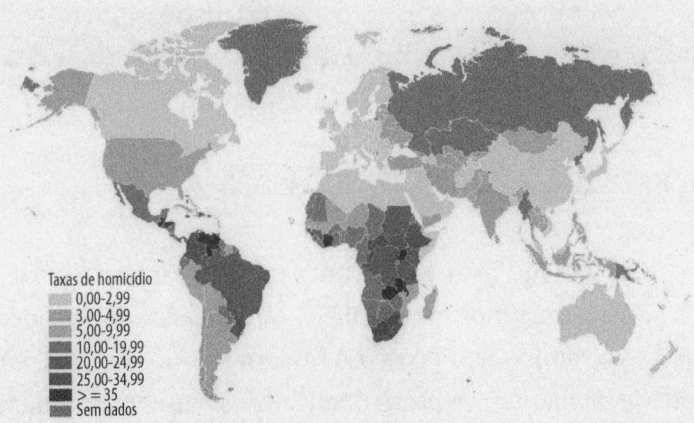

MAPA 1. Taxa de homicídios por país – 2010.
Fonte: UNODC. Estatísticas de homicídios, 2011.

Brasileiro de Segurança Pública, o Brasil registrou em 2011 aproximadamente um milhão de roubos, o que equivale à taxa de 552 roubos por 100 mil habitantes. E o latrocínio os acompanha de perto, pois representa o roubo seguido de morte. É um tipo de crime que sempre provoca grande clamor popular. O país registrou oficialmente 1.636 latrocínios em 2011 e 1.803 em 2012 (Gráf. 7).

Esse patamar de incidência de roubos nos coloca em posição de destaque negativo no âmbito internacional.

A taxa de roubos seguiu trajetórias distintas nos diversos estados brasileiros. Em São Paulo, por exemplo, ela se manteve relativamente estável, em nível elevado, desde o final da década de 1990. Em Minas Gerais, por sua vez, o fenômeno é diferente. Houve crescimento expressivo entre 1999 e 2003, seguido de redução contínua até 2010. Entre 2011 e 2013 a incidência de roubos voltou a crescer, num nível superior a 50% (Gráf. 8).

O Brasil é um país muito violento

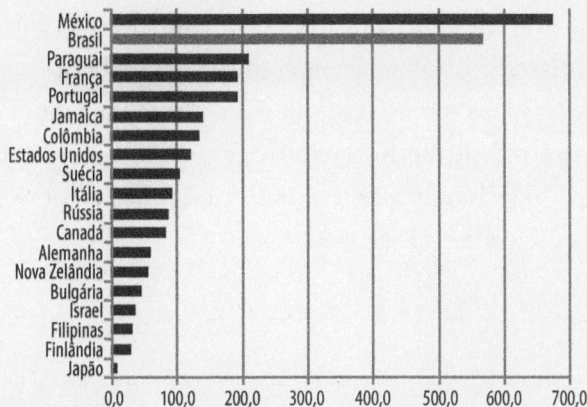

GRÁFICO 7. Taxa de roubos por 100 mil habitantes. Países selecionados – 2011.
Fonte: UNODC. Escritório das Nações Unidas sobre Drogas e Crimes.

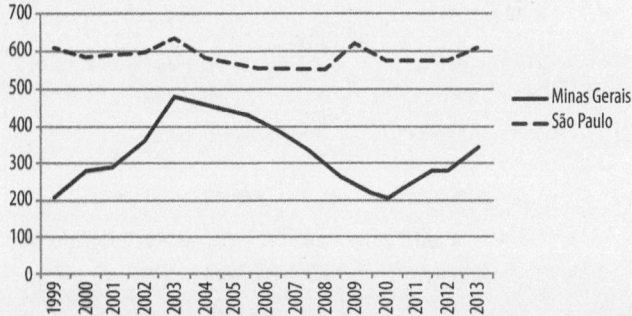

GRÁFICO 8. Taxa de roubos por 100 mil habitantes. Estados de São Paulo e Minas Gerais.
Fonte: Secretaria de Segurança Pública do Estado de São Paulo/ Secretaria de Defesa Social de Minas Gerais.

GLOBALIZAÇÃO E VIOLÊNCIA

Contrariamente ao afirmado por muitos, a globalização econômica e o neoliberalismo, que atingiram o mundo ocidental nas últimas décadas, não determinaram o crescimento da violência urbana. O mercado capitalista requer soluções pacíficas e não violentas de conflitos.

Não há uma onda de violência assolando as sociedades ocidentais. A taxa de homicídios na Europa ocidental, por exemplo, está em queda nos seis principais países, e o número absoluto de homicídios está se reduzindo desde 2003, com destaque para a Inglaterra, França e Alemanha, conforme revela o Gráfico 9.

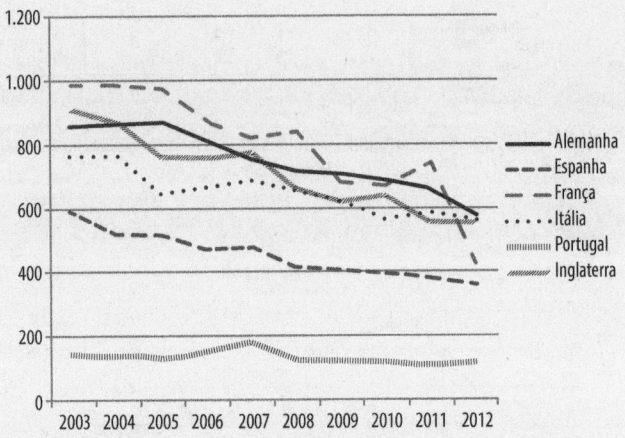

GRÁFICO 9. Número absoluto de homicídios. Países europeus selecionados.
Fonte: UNODC. Escritório das Nações Unidas sobre Drogas e Crimes.

O caso dos Estados Unidos é mais instigante, pois, entre 1995 e 2011, um prazo relativamente curto, suas principais cidades apresentaram redução significativa de homicídios, próxima a 30%. Em outros termos, o centro mundial do neoliberalismo tornou-se menos violento no período (Gráf. 10).

No caso dos roubos, há relativa estabilidade na Europa ocidental, assim como nos Estados Unidos. A Inglaterra, entretanto, apresentou expressiva redução na incidência de roubos entre 2003 e 2012, próxima a 35% (Gráf. 11).

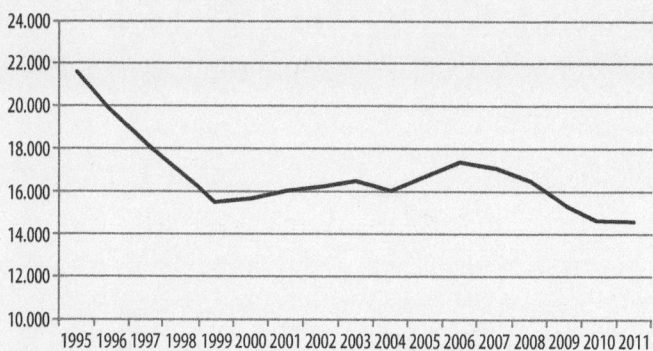

GRÁFICO 10. Número absoluto de homicídios. Estados Unidos.
Fonte: UNODC. Escritório das Nações Unidas sobre Drogas e Crimes.

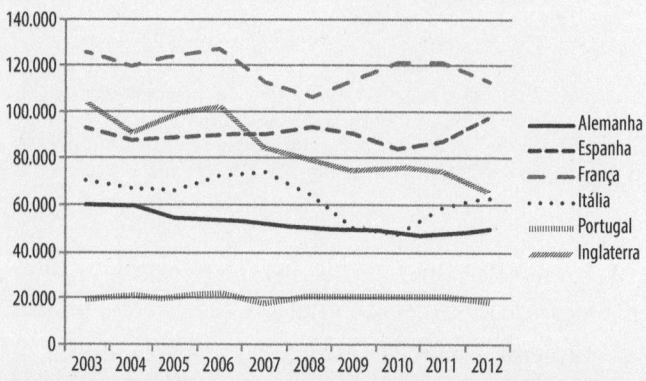

GRÁFICO 11. Número absoluto de roubos registrados pela polícia. Países europeus selecionados.
Fonte: UNODC. Escritório das Nações Unidas sobre Drogas e Crimes.

Tampouco há, na América Latina, um crescimento generalizado da violência. A Venezuela é o país latino-americano que apresentou maior crescimento de homicídios, patamar superior a 100% entre 1995 e 2010. No México, a violência inicia trajetória ascendente em 2008, prolongando-se até 2011. Na Argentina houve estabilidade da taxa de homicídios e a Colômbia experimentou nítida redução da violência, saindo do patamar de 70 homicídios por 100 mil habitantes, em 1995, para menos de 40 por 100 mil habitantes, em 2011 (Gráf. 12).

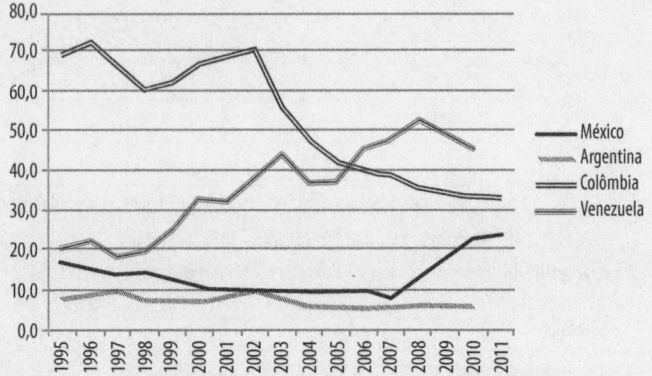

GRÁFICO 12. Taxa de homicídios. Países latino-americanos selecionados.
Fonte: UNODC. Escritório das Nações Unidas sobre Drogas e Crimes.

CONCLUINDO...

Os argumentos acima delineados são fundamentais para a afirmação de uma ideia central: a violência crescente nas cidades brasileiras está relacionada mais a fatores internos do que a fatores externos ao país. São nossas próprias mazelas sociais que estão interferindo na dinâmica do fenômeno. Esqueçamos a ação imperialista, o "demônio neoliberal" e a globalização. Debruçar-nos sobre as contradições de nossa sociedade é um bom começo para explicar, entender e reverter o crime e a violência. Somos uma sociedade duas vezes mais violenta que a Argentina, Peru e Bolívia; quatro vezes mais violenta que o Uruguai e o Chile; cinco vezes mais violenta que os Estados Unidos e 11 vezes mais violenta que a Europa ocidental. O problema está no nosso quintal e não é culpa do vizinho.

2

O Brasil da inclusão social

O BRASIL SE TORNOU uma das maiores economias do mundo no último século. Embora o crescimento econômico perdesse velocidade em anos recentes, a evolução do Produto Interno Bruto (PIB), indicador principal da quantidade de riqueza gerada por um país, foi expressiva desde a segunda metade da década de 1990. Saltamos de pouco menos de um trilhão de reais em 1995 para quase cinco trilhões de reais em 2013. Como a população também cresceu, o PIB *per capita* menos, mas deu um salto significativo: estava em torno de nove mil dólares anuais *per capita* no final dos anos 1990, e quase alcançou 12 mil em 2013. Isso significa que a geração de riquezas no Brasil cresceu em ritmo superior ao da população.

A expansão da atividade econômica refletiu-se diretamente no mercado de trabalho. A taxa de desemprego despencou desde o início dos anos 2000, permitindo que o país se aproximasse em 2013 da situação de pleno emprego. Conforme o Gráfico 13, a redução da taxa de desemprego foi contínua a partir de 2005, atingindo em 2013 a magnitude de 5,4% da população economicamente ativa. Essa é a menor taxa de desemprego já registrada desde 1998.

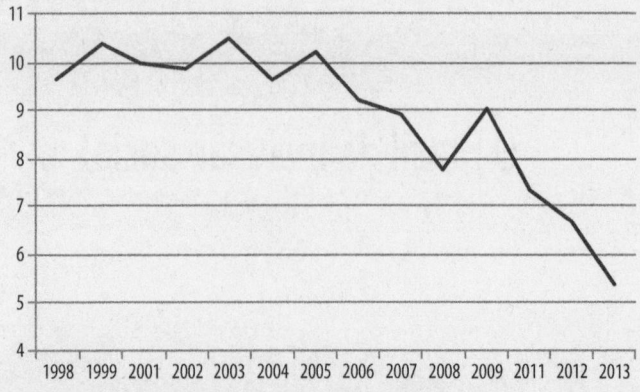

GRÁFICO 13. Taxa de desemprego anual. Brasil, 1998 a 2013.
Fonte: IBGE.

Outro dado relevante do mercado de trabalho é a redução da informalidade. A percentagem de empregados sem carteira e de trabalhadores por conta própria em relação ao total de trabalhadores protegidos caiu de 59% para 47% entre 1998 e 2012. Esse indicador revela a magnitude da precarização das relações de trabalho na sociedade brasileira, que ainda se mantém elevada, mas com nítida tendência de queda.

A renda média do trabalhador, calculada pela média dos rendimentos mensais brutos do trabalho principal, também evoluiu no período, ainda que de forma parcimoniosa. Em 2001, a renda média do trabalhador brasileiro era de R$ 1.087,76, alcançando em 2012 o valor de R$ 1.432,59. Houve crescimento real de 31% ao longo da década.

A diminuição do desemprego e o aumento da renda média do trabalhador reduziram a miséria e a pobreza no Brasil em ritmo acelerado. Conforme se observa no Gráfico 14, a percentagem de brasileiros em situação de extrema

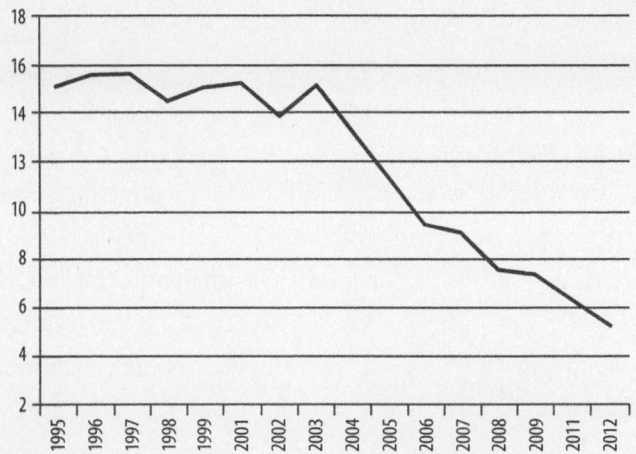

GRÁFICO 14. Percentagem de pessoas em extrema pobreza. Brasil, 1995 a 2012.
Fonte: Ipeadata.

pobreza (pessoas com renda domiciliar *per capita* tão baixa que os coloca como indigentes ou miseráveis) caiu de quase 16% em meados dos anos 1990 para menos de 6% em 2012.

A queda foi maior foi nos estados do Nordeste. A taxa de extrema pobreza caiu mais de 70% em todos os estados da região entre 1991 e 2012, principalmente a partir de 2000. Em Alagoas, por exemplo, em 1991 aproximadamente 36% da população era miserável, caindo para 32% em 2000 e despencando em 2012, quando atingiu 11%.

A proporção de brasileiros com renda domiciliar *per capita* abaixo da linha de pobreza, por sua vez, também sofreu redução significativa. Em 1999 correspondia a 35% da população do país e em 2012 limitou-se a 16%. Analisando os números absolutos, visualizamos com maior nitidez quão expressiva tem sido a redução da pobreza no Brasil. Em 1999, pouco mais de 56 milhões de brasileiros eram pobres, ao passo que em 2012 esse número baixou para aproximadamente 30 milhões.

A redução da pobreza atingiu todas as regiões do país, com destaque, mais uma vez, para o Nordeste. Mais de 60% da população nordestina tinha renda familiar *per capita* abaixo da linha de pobreza no início dos anos 2000. A reversão desse patamar foi contínua nos anos seguintes, chegando a 30% da população em 2012. Ainda há um contingente inaceitável de pobres, quase o dobro da taxa nacional, mas devemos destacar a sua rápida redução.

Outro importante indicador econômico e social é o coeficiente de Gini, que mede a desigualdade na distribuição de renda no país. Por mais de três décadas, o coeficiente brasileiro permaneceu acima de 0,6, caracterizando elevada desigualdade social, relativamente estável. Desde 2002, entretanto, a trajetória tem sido descendente de forma contínua, revelando que tem melhorado aos poucos a distribuição da riqueza gerada no Brasil (Gráf. 15).

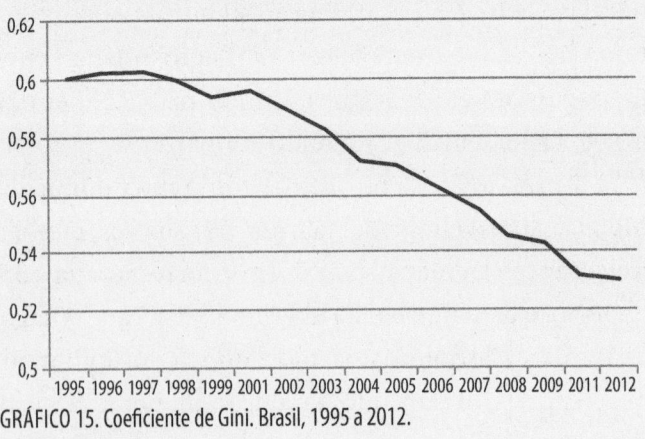

GRÁFICO 15. Coeficiente de Gini. Brasil, 1995 a 2012.
Fonte: Ipeadata.

A combinação da redução da pobreza e da diminuição da desigualdade social impactou a estratificação social e as classes de renda no Brasil. Desde o início dos anos 2000 houve um notável crescimento do contingente de brasileiros que ascenderam à classe C, que muitos identificam com a classe média. Ela correspondia a 33% da população brasileira em 1992, passando a 51% em 2009. São 95 milhões de brasileiros que passam a viver em famílias com renda *per capita* entre R$ 1.126,00 e R$ 4.854,00 por mês. Quase 30 milhões de brasileiros ascenderam à classe C entre 2003 e 2009. Esse fenômeno foi denominado pelo economista Marcelo Néri de "a nova classe média brasileira". Nesse mesmo período a percentagem de brasileiros situados nas classes D e E, compondo a classe baixa, caiu de 62% para 39%. É o estrato que abrange famílias com renda *per capita* abaixo de R$ 1.126,00 por mês. A classe alta, por sua vez, composta pelas classes de renda A e B, também dobrou seu contingente nos últimos 20 anos. Limitava-se a 5,4% da população em 1992 e atinge 10,6% em 2009.

Outras importantes mudanças sociais em curso na sociedade brasileira podem ser constatadas nas dimensões da demografia, da educação e da saúde. Merece destaque o estreitamento da base da pirâmide etária, a redução da proporção de crianças e adolescentes de até 19 anos de idade. Em 1999 a percentagem desse grupo na população total era 40,1%, diminuindo em 2009 para 32,8%. Paralelamente cresceu a população idosa, de 70 anos ou mais de idade. Em 1999, havia 6,4 milhões de pessoas nessa faixa etária, correspondendo a 3,9% da população total, enquanto em 2009 a população atingiu

9,7 milhões de idosos, correspondendo a 5,1%. A redução da percentagem de crianças e jovens e o consequente aumento da população adulta e idosa estão associados à queda dos níveis de fecundidade e ao aumento da esperança de vida.

A taxa de fecundidade, que é o número médio de filhos que uma mulher teria ao final do seu período fértil, passou por notável redução. No final da década de 1990 eram 2,38 filhos por mulher, caindo para 1,90 em 2010. Os estados da região Norte e Nordeste apresentam as maiores taxas de fecundidade do país, ao passo que os estados do Sudeste e do Sul apresentam as mais baixas – próximas a 1,5 filho por mulher, no Sudeste.

A esperança de vida também cresceu no Brasil, no decorrer da década passada. A vida média ao nascer, de 1999 para 2010, aumentou três anos, passando de 70 para 73 anos. Esse patamar nos coloca em posição aceitável no cenário internacional.

Outro indicador relevante é a taxa de mortalidade infantil. No período de 2000 a 2010, os óbitos de crianças menores de um ano caíram de 29,7 para 15,6 por mil nascidas vivas, um decréscimo de 47,6%. Entre as regiões, a maior queda foi no Nordeste, de 44,7 para 18,5 óbitos, apesar de essa região ainda ter o maior indicador. Nossa taxa de mortalidade infantil ainda está distante daquelas apresentadas pelos países da Europa e América do Norte, que estão abaixo de sete mortes para cada mil nascidos vivos.

A melhoria das condições de habitação está estreitamente vinculada à redução da mortalidade infantil e é comprovada pelo acesso ao serviço de saneamento. O país apresentou crescimento de 9% no total de domicílios urbanos com serviços de saneamento entre 1999 e 2009, o que significa domicílios com abastecimento de água por rede geral, esgotamento sanitário por rede geral e lixo coletado diretamente. Em todas as regiões brasileiras esse avanço pode ser verificado, conforme Gráfico 16.

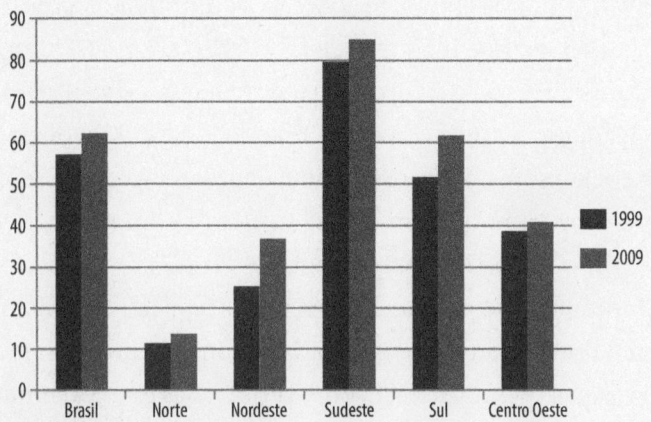

GRÁFICO 16. Proporção de domicílios urbanos com saneamento básico.
Fonte: IBGE (2010).

As condições habitacionais podem ser analisadas ainda pelo grau de adequação. Domicílios adequados são os que possuem abastecimento de água por rede geral, esgotamento sanitário por rede geral ou fossa séptica, coletas de lixo diretas ou indiretas e até dois moradores por dormitório; os domicílios semiadequados apresentam, pelo menos, uma condição adequada e os domicílios inadequados não dispõem de nenhuma das condições de adequação consideradas. Em 2010, havia no país 30.068.888 domicílios adequados e 2.325.232 inadequados, representando, respectivamente, 52,5% e 4,1% dos domicílios existentes. A Região Norte apresentou o quadro mais desfavorável, com apenas 16,3% de domicílios adequados.

No entanto, o quadro geral em 2010 é melhor do que em 2000. Nesse período houve um crescimento relativo de 19,5% de domicílios adequados no Brasil, com destaque para o Nordeste, que teve um crescimento relativo de 35,9% (IBGE, 2012). E os bens duráveis existentes nos domicílios? Houve avanço: aumentou a proporção de domicílios com televisão, geladeira e máquina de lavar roupa. Em 2011, 96% dos domicílios particulares permanentes no Brasil possuíam geladeira, 51% tinham máquina de lavar e 97% dispunham de televisores. Merece destaque ainda o rápido crescimento da proporção de domicílios brasileiros com telefone celular e computador. Em 2001, apenas 8% dos domicílios possuíam computador com internet e 31% dos brasileiros tinham celular. No final da década passada, o computador com internet já estava presente em 28% das residências e o celular quase se universalizou, alcançando mais de 80% dos brasileiros. Atualmente, o número de celulares é superior ao da população.

Os avanços na década são razoáveis nos indicadores de educação. A taxa de analfabetismo das pessoas de 15 anos ou mais de idade baixou de 13,3%, em 1999, para 9,6%, em 2010. Aumentaram, paralelamente, os níveis de escolaridade da população, garantindo-lhe maiores oportunidades no mercado de trabalho. A percentagem das pessoas economicamente ativas que têm uma escolaridade de pelo menos 11 anos de estudo completos, equivalente ao ensino médio (nível atualmente exigido para praticamente todos os postos de trabalho no mercado formal), é um indicador desse avanço. De 1999 para 2009, a proporção das pessoas economicamente ativas de 18 a 24 anos de idade com 11 anos de estudo quase dobrou, passando de 21,7% para 40,7%. No conjunto das pessoas economicamente ativas com 11 anos ou mais de estudo, os resultados melhoraram, mas em patamares mais baixos, passando de 7,9% para 15,2%. A escolaridade da população melhorou: a média de anos de estudo do brasileiro saltou de 5,5 anos em 1995 para 7,2 anos em 2009 (Gráf. 17).

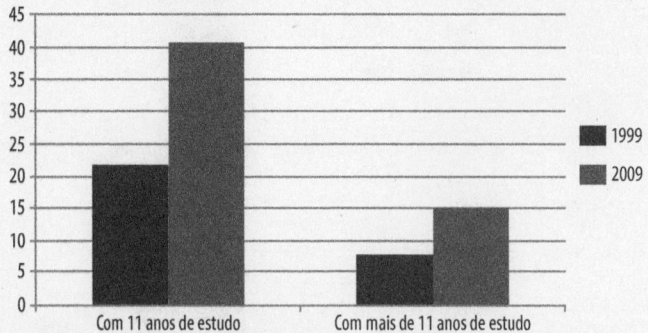

GRÁFICO 17. Proporção das pessoas de 18 a 24 anos de idade economicamente ativas com 11 anos de estudo e com mais de 11 anos de estudo – Brasil.
Fonte: IBGE (2010).

A quase universalização do acesso ao ensino por parte das crianças de seis a 14 anos de idade, conforme o Gráfico 18, já é amplamente reconhecida. O mesmo não se deu com os adolescentes de 15 a 17 anos de idade. Entretanto, entre 1999 e 2009 a taxa de frequência a estabelecimento de ensino nessa faixa etária passou de 78% para 85%.

A escolarização líquida indica a taxa da população em determinada faixa etária que está frequentando escola no nível adequado para sua idade. Verifica-se no Gráfico 19 que apenas metade dos adolescentes brasileiros de 15 a 17 anos de idade que frequentam a escola está no nível adequado, revelando que a situação do país nesse indicador é decep-

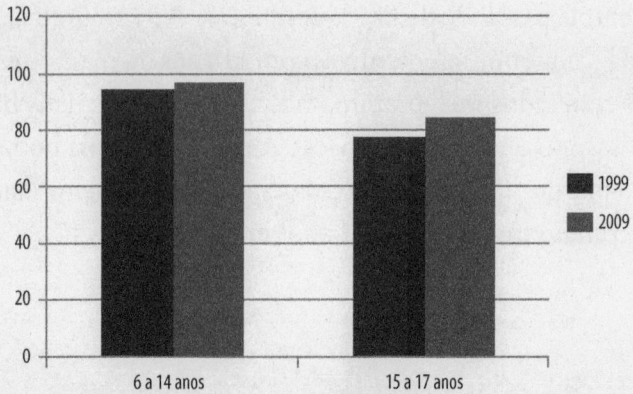

GRÁFICO 18. Taxa de frequência bruta a estabelecimento de ensino da população residente, segundo os grupos de idade – Brasil.
Fonte: IBGE (2010).

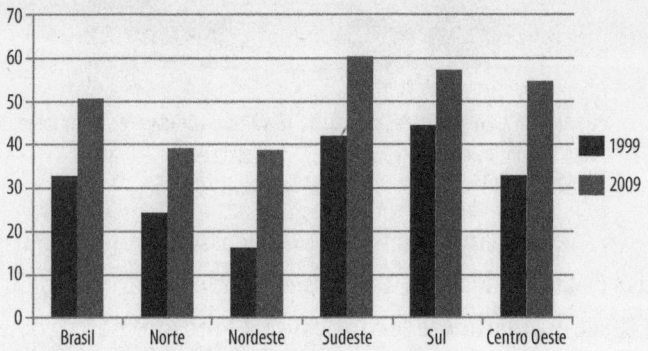

GRÁFICO 19. Taxa de escolarização líquida dos adolescentes de 15 a 17 anos de idade.
Fonte: IBGE (2010).

cionante. Contudo, o avanço do indicador no decorrer da década não é desprezível no Brasil como um todo, nem nas diversas regiões. Proporcionalmente, o maior crescimento da taxa de escolaridade líquida deu-se no Nordeste, passando de 16% em 1999 para 39% em 2009.

O avanço no acesso à educação não tem sido acompanhado pela qualidade da educação. O Índice de Desenvolvimento da Educação Básica (Ideb), do Ministério da Educação, estipulou como meta a nota 6,0, a ser alcançada por todas as etapas do ensino, fundamental e médio, até o ano de 2021. No que diz respeito às séries iniciais do ensino fundamental para o conjunto do país, observa-se uma melhoria muito modesta no Ideb, cuja nota média passou de 4,2, em 2007, para 4,6, em 2009.

CONCLUINDO...

Os dados estatísticos expostos neste capítulo não permitem outra conclusão: o Brasil avançou e muito na "questão social" desde meados da década de 1990, principalmente a partir da virada do milênio. Diminuímos a pobreza e a desigualdade de renda e ampliamos o acesso da população a serviços públicos na saúde, na educação e no saneamento básico. A classe média, definida pela renda mensal familiar *per capita*, tornou-se o estrato majoritário do país, refletindo-se na expansão acelerada do consumo de bens duráveis.

Não se deduza desse diagnóstico a constatação ingênua de que o Brasil resolveu suas históricas mazelas sociais. Há muito ainda por fazer para que possamos atingir nível de desenvolvimento humano equiparável ao dos países europeus ou mesmo ao de alguns países latino-americanos.

O aspecto mais intrigante dessa dinâmica social é sua simultaneidade com o crescimento da criminalidade violenta. Para certa percepção de senso comum e mesmo para algumas abordagens sociológicas do crime, estamos diante de um paradoxo. Se a sociedade brasileira realiza conquistas sociais, era de se esperar que a criminalidade seguisse trajetória contrária, no sentido da redução. Como compreender uma sociedade que reduz as injustiças socioeconômicas e ao mesmo tempo sofre com a deterioração da segurança pública? A partir do senso comum, o paradoxo é ainda maior porque as regiões que mais progrediram socioeconomicamente são as que exibem maior crescimento nas taxas de criminalidade violenta.

A resposta é simples: não estamos diante de um paradoxo. Nada há de inusitado no fato de a trajetória ascendente da violência urbana ocorrer em um contexto de redução da pobreza e das desigualdades sociais. Ao contrário do que se supõe, não há relação simples e direta de causalidade entre pobreza e criminalidade.

O crime é multifacetado, combinando fatores diversos. É um reducionismo extremo acreditar que um indivíduo pega arma de fogo para cometer um assalto ou se torna um traficante de drogas somente em razão da necessidade de sobrevivência pessoal ou de sua família. Pode parecer óbvia e inquestionável a crença de que, quanto mais vulnerável à pobreza e à miséria, mais próximo o indivíduo estaria do crime. Porém, o fenômeno envolve outras dimensões estruturais e institucionais da realidade social que não sustentam tal raciocínio linear. No próximo capítulo esclarecemos essa polêmica, explicitando o debate científico sobre as causas do crime.

3

As causas do crime

O QUE LEVA ALGUÉM A matar, roubar, estuprar, corromper ou ser corrompido? Por que alguns indivíduos adotam comportamentos que violam os padrões morais e legais institucionalizados na sociedade e outros indivíduos não o fazem? Essas indagações provocam debates acalorados que não culminam em desfechos consensuais. Ao contrário, suscitam posturas polarizadas, ora concebendo o criminoso como vítima de uma sociedade perversa e injusta, ora como ser patológico a ser extirpado do convívio social.

Esse debate é muito importante porque, dependendo das respostas que dermos a tais perguntas, certos procedimentos de controle do crime serão defendidos e adotados. Os mecanismos de controle social da criminalidade, tanto formais quanto informais, que prevalecem em uma sociedade, estão estreitamente vinculados às representações de seus membros sobre as causas da criminalidade, ao "imaginário" social sobre elas. O que fazemos para reduzir a incidência do crime depende de como concebemos as causas do crime.

As propostas mais comuns, no Brasil, oscilam entre as que defendem o maior rigor da lei na punição do criminoso e as que enfatizam a necessidade de medidas sociais e preventivas para evitar que a exclusão social leve as pessoas para o crime. As classificações simplistas definem a primeira linha de pensamento como de direita e a segunda como de esquerda, embora elas não sejam mutuamente excludentes.

A Sociologia se debruça sobre as causas do crime há mais de cem anos. Outras disciplinas também estudam o crime, como a Antropologia, a Demografia, a Ciência Política, a Saúde Coletiva e, mais recentemente, a Economia. Em vários países se institucionaliza uma nova disciplina, que coleta contribuições dessas disciplinas e de outras, a Criminologia.

As teorias e as pesquisas realizadas sobre as causas do crime ainda não chegaram a conclusões definitivas. Não há certezas entre os estudiosos do tema. As controvérsias são grandes, prevalecendo o "consenso da dúvida". Em razão disso, a polêmica e a divergência constituem a tônica do debate acadêmico.

A despeito das controvérsias, algumas premissas são centrais na abordagem criminológica:

1) O crime é fenômeno social normal, conforme definição de Émile Durkheim em **As regras do método sociológico**. É "normal" porque está presente em toda e qualquer sociedade humana, independentemente do tempo e do espaço. É equivocado conceber o comportamento criminoso como uma patologia, que, se devidamente tratada, pode ser curada. Também é equivocado concebê-lo como algo que possa ser extirpado mediante uma cirurgia bem feita;

2) O crime não é propriedade inerente a certos comportamentos, mas uma qualidade socialmente atribuída a certos comportamentos pelo contexto social. Mais uma vez, Émile Durkheim coloca claramente a questão: não reprovamos o ato porque é criminoso, na verdade é criminoso porque o reprovamos. Crime e violência não são idênticos. Há crimes não violentos e violências não criminosas. Os crimes violentos, usualmente, recebem penas mais graves. Os crimes são os comportamentos assim considerados pela sociedade; nas sociedades mais recentes, sua tipificação e punição estão previstas em um ordenamento jurídico penal. Não é um conceito absoluto, havendo comportamentos considerados criminosos em alguns lugares, mas não em outros, em algumas épocas, mas não em outras. Em muitos países, o homossexualismo ainda é crime; o abandono de uma religião por outra em alguns países governados por uma versão extrema da *sharia*, que é o direito muçulmano, pode ser punido com a morte.

Violência corresponde ao uso da força física contra a pessoa, cuja vida, saúde e integridade física ou liberdade individual correm perigo a partir da ação de outro(s). Nos últimos séculos observamos, nas sociedades ocidentais, a criminalização progressiva da violência e, no mundo todo, uma tendência histórica de redução da violência.

NÍVEIS DE ANÁLISE DO CRIME

É simplista acreditar que o criminoso é uma "pobre" vítima da sociedade, como também não é correto afirmar que o criminoso faz escolhas voluntárias livres de toda e qualquer influência do meio social. O crime resulta de complexa interação de fatores individuais, interpessoais, institucionais e estruturais.

Fatores estruturais compõem o nível mais amplo do fenômeno, compreendendo os valores culturais prevalecentes na sociedade, como também sua estrutura socioeconômica – a distribuição da renda, a estratificação social, entre outros.

As leis penais e as organizações do Estado responsáveis pela garantia da segurança pública – polícia, justiça, prisão – estão no nível institucional. A comunidade onde reside o indivíduo também deve ser considerada, pois é capaz de exercer controle social.

O nível interpessoal diz respeito às relações pessoais que o indivíduo estabelece em seu cotidiano e que são capazes de influenciar seu comportamento. São os casos da família, grupos de amigos do bairro, a escola, a comunidade religiosa da qual eventualmente participa.

E chegamos ao nível propriamente individual, que diz respeito às características psíquicas do indivíduo, sua personalidade, sua trajetória de vida.

As teorias criminológicas divergem na forma pela qual articulam esses níveis de análise, como também na ênfase que atribuem a cada um deles, como será detalhado nos itens seguintes.

CRIME COMO ROTULAÇÃO

O sociólogo norte-americano Howard Becker escreveu um livro referencial na década de 1960: *Outsiders*, estudos de sociologia do desvio. É o marco da formulação do que passou a ser chamado de teoria dos rótulos, que tem como principal proposição a ideia de que o criminoso é simplesmente alguém que tem valores e crenças diferentes daqueles manifestados pelas pessoas que o condenam. Ou seja, não haveria diferenças psicossociais substantivas entre aqueles com comportamentos criminosos e as pessoas supostamente normais, que obedecem às normas e valores institucionalizados. Tanto uns quanto outros são motivados a cometer atos que violam os padrões morais vigentes em diversas situações.

Becker argumenta que as regras e leis que estabelecem o que é certo ou errado na sociedade resultam, em boa medida, da ação de grupos específicos dessa mesma sociedade. Advogados, médicos, policiais, religiosos, entre outros, são exemplos de segmentos sociais capazes de transformar suas respectivas visões de mundo em regras e leis para toda a sociedade. Atuam como empreendedores morais. Os indivíduos que não compartilham essas cosmovisões acabam adotando comportamentos desviantes, sendo qualificados e tratados como antissociais pelas agências de controle, em especial a polícia e a justiça.

A experiência de serem rotulados como criminosos por tais agências define a trajetória de muitos indivíduos, favorecendo seu ingresso em carreiras desviantes. Passam a conviver com outros indivíduos que compartilham suas visões de mundo, reforçando a identidade desviante.

A teoria dos rótulos atribui grande importância ao funcionamento das agências de controle social. É mais relevante pesquisar as relações de poder envolvidas na rotulação do crime do que as causas do crime.

EXPLORAÇÃO DE CLASSES E CRIMINALIDADE

A criminologia crítica é uma das abordagens teóricas que assumem de maneira categórica que existe uma relação direta entre pobreza e criminalidade. Karl Marx é a grande referência teórica e conceitual. O crime é concebido como parte do conflito entre classes no capitalismo, um modo de produção definido a partir da exploração da classe trabalhadora pela burguesia. O capitalismo provocaria desemprego e pobreza em amplos segmentos do proletariado, gerando o exército industrial de reserva.

Nessa perspectiva, o crime seria uma reação racional e emocional à intensa opressão. A carência de tudo, inclusive das condições básicas para a sobrevivência, tenderia a embrutecer os indivíduos. A adoção de comportamentos ditos antissociais seria uma estratégia de sobrevivência desses segmentos "embrutecidos" por essas condições.

Alguns autores da criminologia crítica afirmam que não são apenas os mais pobres que cometem crimes. O crime está presente tanto nas classes trabalhadoras quanto nas classes burguesas. Entretanto, a classe trabalhadora é mais vulnerável aos mecanismos de controle social.

O Direito Penal seria um instrumento do Estado que serviria aos interesses da classe burguesa; a definição legal do crime funcionaria como recurso de repressão adicional das "classes perigosas". O aparato repressivo do Estado (polícia, justiça, prisão) refletiria apenas os interesses da classe social dominante no capitalismo. É no cumprimento da lei que as classes trabalhadoras estão sujeitas ao poder das classes dominantes sobre o sistema legal, controlando as agências do sistema de segurança pública e da justiça criminal.

Um expoente da criminologia crítica, o sociólogo francês Loic Wacquant, tem se dedicado a denunciar o recrudescimento da ideologia penalista e a consequente criminalização da pobreza nas sociedades capitalistas mais avançadas. Ele argumenta que o sistema penal contribui diretamente para a regulamentação dos segmentos mais baixos do mercado de trabalho — e o faz de um modo mais coercitivo e significativo do que a legislação trabalhista, os sistemas de seguridade social e outras políticas públicas, muitas das quais nem mesmo abrangem o trabalho não regulamentado.

A penalidade neoliberal pretenderia remediar com um "mais Estado" policial e penitenciário o "menos Estado" econômico e social que é a própria causa da escalada generalizada da insegurança subjetiva e objetiva que o autor percebe em todos os países. A política de criminalização da pobreza complementaria a imposição de ofertas de trabalho precárias e mal remuneradas na forma de obrigações cívicas para aqueles que estão cativos na base da estrutura de classes sociais.

Um aspecto importante da criminologia crítica é o reconhecimento de que o crime é uma questão de quem rotula quem. Ou seja, dado que as relações de poder no capitalismo são desiguais, a burguesia impõe seus valores e interesses na definição do que é crime e do que não é.

DEGRADAÇÃO URBANA, COMUNIDADE E CONTROLE DO CRIME

Outras teorias criminológicas avançaram nas análises mais sofisticadas da relação entre pobreza e criminalidade. É o caso da Escola de Chicago, criada na Universidade de Chicago – EUA, nas primeiras décadas do século XX. Louis Wirth, Robert Park e Ernest Burguess realizaram pesquisas que demonstraram o impacto do espaço urbano sobre a dinâmica do crime.

A Escola de Chicago propõe que a grande cidade fornece as oportunidades ambientais para o comportamento criminoso. Determinadas configurações urbanas estão relacionadas a variados padrões de sociabilidade, de estruturação das comunidades e da dinâmica da violência. Haveria nesse sentido uma ecologia social do crime e, ao se mapear a incidência do fenômeno criminoso em uma determinada cidade, seria possível identificar padrões de acordo com sua configuração espacial. A violência urbana concentra-se em espaços urbanos degradados, envolvendo tanto a deterioração da estrutura física quanto o baixo poder aquisitivo dos moradores. O surgimento de gangues de jovens delinquentes e seus conflitos por domínio de territórios mantém estreita relação com essa diferenciação espacial.

Desdobrando essa análise sociológica, Shaw e McKay formularam a teoria da desorganização social. Entendem que as comunidades onde a vida coletiva está enfraquecida são contextos favoráveis à emergência de motivações criminosas. Eles identificaram três padrões socioeconômicos em vizinhanças historicamente marcadas por altas taxas de criminalidade violenta:

a) Praticamente todas as regiões violentas eram bairros pobres e deteriorados;

b) As comunidades violentas eram regiões habitadas por populações de origens variadas, principalmente imigrantes, com grande heterogeneidade étnica;

c) Os bairros com grande incidência de criminalidade violenta eram regiões que mantinham altos níveis de rotatividade residencial, com baixa fixação da população local por longos períodos. Formava-se nessas comunidades um cenário de grande desorganização social, onde os moradores tinham dificuldade de conceber valores comuns e se mostravam pouco aptos a formar um corpo social suficientemente coeso para controlar de forma eficaz o comportamento de seus membros. As motivações desviantes de alguns membros da coletividade encontram um terreno fértil nessas condições.

A teoria da desorganização social não estabelece uma correlação simples e direta entre pobreza e crime. As regiões da cidade onde a degradação urbana é acentuada e os moradores são de baixo poder aquisitivo estão mais sujeitas ao crime desde que não apresentem capacidade de impor limites aos comportamentos desviantes em seu cotidiano. Está em questão, sob tal perspectiva, a habilidade do coletivo em exercer o controle social. A delinquência é concebida como fenômeno grupal e não individual. A desorganização social, numa comunidade, a impede de controlar os grupos de jovens. Concentrar a atenção nos jovens se justifica pelo fato de que as taxas de crime, sobretudo de crimes violentos, são mais altas entre adolescentes e jovens adultos do que em quaisquer outros grupos.

EFICÁCIA COLETIVA

O conceito de eficácia coletiva foi desenvolvido pelo sociólogo Robert Sampson. Ele reafirma a ideia de que a capacidade diferenciada das populações empobrecidas em institucionalizar valores coletivos e manter eficiente o controle social informal é o principal fundamento das variações na incidência da criminalidade no espaço urbano.

Complementando a teoria da desorganização social, Sampson preocupou-se em desvendar os aspectos da sociabilidade cotidiana dos moradores de uma região da cidade que enfraqueceriam a capacidade coletiva e individual de manter os padrões morais e de ordem que julgam corretos.

Há variações na disposição dos moradores no que se refere ao grau de confiança que compartilham entre si e à disposição de garantir a ordem local. A eficácia coletiva dirige a atenção para as expectativas compartilhadas e para o engajamento mútuo dos moradores na implementação do controle social. Seus indicadores são:

1. Grau de confiança dos moradores entre si;
2. Disposição para ajudar os vizinhos;
3. Valores compartilhados;
4. Iniciativa para resolver problemas locais de desordem social.

Nesse sentido, bairros ou mesmo favelas com mais eficácia coletiva apresentam menores indicadores de criminalidade. Ao contrário, onde prevalecem o medo e a desconfiança entre os moradores, revelando baixa eficácia coletiva, a criminalidade cresce e se consolida. Nessa perspectiva, a capacidade dos moradores em mobilizar-se para o controle de práticas desviantes em suas vizinhanças é mais importante do que a ação preventiva e repressiva do Estado.

O conceito abarca também a socialização primária, ensinando crianças e adolescentes a viver no espaço público, respeitando as instituições e a convivência entre vizinhos. A família é reconhecida, em articulação com outras entidades da comunidade, como fundamental na garantia da eficácia coletiva. Esse processo está mais presente nos territórios urbanos que concentram as desvantagens socioeconômicas. Nessa teoria, pobreza e crime estão correlacionados desde que as regiões onde a pobreza predomina sejam caracterizadas por baixos graus de eficácia coletiva.

FAMÍLIA, AUTOCONTROLE E CRIMINALIDADE

A família é relevante na explicação do comportamento criminoso, especialmente na ótica da teoria do autocontrole. Para Gottfredson e Hirschi, os indivíduos diferem quanto à capacidade de resistir às tentações do crime. Os atos criminais não requerem habilidades específicas nem necessidades e motivações singulares: todos os indivíduos são susceptíveis ao crime. Em outras palavras, qualquer um de nós está sujeito a adotar comportamentos criminosos. Tanto os indivíduos ditos normais quanto os ditos criminosos são caracterizados por motivações sociais e antissociais. São muito mais parecidos do que se supõe.

Com frequência somos tentados a adotar comportamentos que fogem aos padrões morais institucionalizados. Se vamos ou não sucumbir a tais tentações dependeria do grau de autocontrole internalizado em nós.

O crime resultaria do baixo autocontrole: ele facilita a gratificação imediata e fácil de desejos dos indivíduos incapazes de postergar gratificações. Os benefícios de médio e longo prazo seriam rechaçados. O crime é excitante, arriscado e não requer planejamento ou habilidades específicas, mas requer ausência de empatia pela vítima. Em suma, indivíduos com baixo autocontrole tenderiam a ser impulsivos, insensíveis ao outro, atraídos pelo risco, com racionalidade de curto prazo, mais física do que verbal.

Os traços de personalidade mais afeitos ao crime resultariam da socialização incompleta e ineficaz, por deficiência dos principais agentes socializadores, particularmente a que se realiza por meio da educação das crianças, seja a formal, na escola, seja a informal, na família, na religião e em outras instituições. Quem dá atenção à criança e acompanha seu comportamento, vê que ela faz coisas erradas e a corrige. É assim a formação do autocontrole na criança, que será transmitido para as fases seguintes da vida.

A adequada socialização das crianças e o consequente desenvolvimento do seu autocontrole incluem o monitoramento do seu comportamento, o reconhecimento do comportamento desviante, quando ocorrer, e a devida punição do desvio cometido. Nessa abordagem, a família tem função central na formação do autocontrole.

GANGUES E SUBCULTURA DELINQUENTE

Parece óbvio que a família tem influência decisiva na definição da trajetória criminosa de alguns indivíduos. As chances de um jovem ingressar em atividades delituosas dependem da qualidade da educação que se recebe em casa. Essa ideia, entretanto, não é plenamente aceita pelo sociólogo norte-americano

Albert Cohen, que formulou a teoria da subcultura delinquente. O ingresso dos jovens no mundo do crime ocorreria mediante processos mais complexos, que envolvem a influência socializadora das gangues juvenis, portadoras de valores, crenças e normas próprias que compõem uma subcultura delinquente. Sua influência poderia ser maior que a da família.

A subcultura delinquente é uma resposta simbólica e moral de alguns jovens frente à exclusão social e à escassez de recursos (materiais e simbólicos). Os jovens socialmente excluídos, com acesso restrito a formas socialmente legítimas de atingir o sucesso na vida, tenderiam a se associar em grupos cujos integrantes compartilham das mesmas dificuldades e problemas de ajuste social. Indivíduos que compartilham problemas de *status* tenderiam a se associar, estabelecendo critérios morais e valores próprios, muitas vezes resistentes aos valores difundidos pelo sistema social mais amplo.

Os crimes, portanto, são comportamentos valorizados pela gangue. A transgressão é um caso especial de transmissão da subcultura e da influência de grupos de referência. A família, a escola e a igreja não seriam as únicas instituições sociais capazes de moldar a subjetividade individual. As gangues juvenis também plasmariam comportamentos e valores. Os grupos de amigos jovens adotam sistemas normativos, representações simbólicas e códigos morais próprios, influenciando a ação de seus integrantes, muitas vezes em sentido contrário ao prescrito pelos códigos normativos que vigem na sociedade.

As gangues recrutam adeptos entre adolescentes porque funcionam como redes de sociabilidade e formação de identidade. Imersos em grupos que compartilham dessa subcultura, os jovens aprendem e internalizam atitudes e definições favoráveis à violência.

Desdobramentos dessa abordagem teórica implicaram o reconhecimento de que alguns espaços urbanos são mais violentos do que outros, devido à institucionalização de padrões morais que valorizam a solução violenta de conflitos interpessoais, caracterizando uma subcultura da violência. Seus portadores não são apenas os jovens, ela atinge pessoas de todas as idades.

O CRIME COMO APRENDIZADO

Edwin Sutherland, nas décadas iniciais do século XX, foi um dos primeiros estudiosos a contestar a afirmação de que as condições socioeconômicas determinavam a criminalidade, formulando a teoria da associação diferencial. Ele também argumentava que tanto pobres quanto ricos podem adotar comportamentos criminosos. Constatou a existência de vários crimes típicos das classes médias e altas. Deixou marcada a expressão "crime do colarinho branco", cometido por pessoas respeitáveis e de alto *status* profissional. O crime deixou de ser exclusivo dos pobres: Sutherland elencou vários crimes de colarinho branco, ampliando o conceito de crime e sua explicação.

O fator preponderante seria a sujeição do indivíduo ao excesso de definições favoráveis à violação da lei, comparativamente à sua modesta sujeição a definições favoráveis ao cumprimento da lei. Em outras palavras, o comportamento criminoso resultaria de um aprendizado e não do atendimento das necessidades básicas.

O comportamento criminoso é aprendido mediante a interação com outras pessoas, principalmente aquelas que compõem a rede de relações mais próximas. A aprendizagem inclui técnicas para cometer crimes e, inclusive, seus motivos e racionalizações. O indivíduo aprende a ser criminoso, torna-se criminoso, e sua identidade é refeita e plasmada pela prática reiterada de crimes.

Ronald Akers é um dos seguidores recentes de Sutherland: ele especificou vários processos envolvidos na associação diferencial. A aprendizagem do crime depende do:
- Grau de associação a grupos de amigos e colegas cujos comportamentos são desviantes e criminosos;
- Grau de percepção dos benefícios e riscos envolvidos na adoção de comportamentos desviantes e criminosos, ou seja, o crime inclui um cálculo racional; e
- Da disposição de imitar comportamentos desviantes e criminosos adotados por indivíduos admirados e respeitados.

CRIME E ANOMIA

Segundo Robert Merton, o crime resultaria da fragilidade moral da sociedade. Ele se refere à desarticulação entre os valores culturais dominantes e as restrições para o alcance de tais valores. O crime acontece quando a sociedade dissemina, em grande intensidade, valores e metas sociais, inclusive bens de consumo e, simultaneamente, restringe o acesso a eles. Na prática, isso levaria alguns indivíduos, na ambição de obter bens socialmente valorizados, a recorrer a meios mais eficientes e disponíveis *para eles*. E o crime, na forma de um roubo, um homicídio ou mesmo um estupro, torna-se o meio viável para realizar desejos socialmente construídos. O que importa para o criminoso é o fim de sua ação, independentemente dos meios a serem utilizados. Esse tipo de situação Merton denominou de "anomia moral".

Os crimes contra o patrimônio são típicos da anomia moral. O que leva o indivíduo a praticar roubos e furtos não é a necessidade de sobrevivência. Na perspectiva da teoria da anomia, o crime contra o patrimônio é mais frequente em sociedades que dão ênfase ao sucesso econômico, à aquisição de bens materiais e ao consumismo, sem que a mesma ênfase seja atribuída aos meios moralmente corretos para obtê-los, como a honestidade, o trabalho digno e o respeito à lei. Em contextos sociais de anomia acentuada, os indivíduos menosprezariam a moralidade convencional, vista como empecilho à realização de suas ambições de sucesso econômico e de sonhos de consumo.

Merton argumenta que a anomia moral não atinge igualmente ricos e pobres. As camadas pobres são mais vulneráveis. Apesar da ideologia da "igualdade de oportunidades", o caminho para o êxito econômico é relativamente fechado para os que têm pouca instrução formal e poucos recursos materiais. Em razão disso, é maior a proporção de indivíduos oriundos de camadas inferiores que cometem crimes contra o patrimônio.

Não se trata, porém, de uma relação causal direta entre pobreza e criminalidade. É somente quando um sistema de valores culturais exalta objetivos comuns a toda a população, mas fecha o acesso a eles a parcela relevante da população, que o comportamento criminoso manifesta-se em larga escala. O crime contra o patrimônio envolve, portanto, a combinação de três fatores: ampla disseminação de valores de sucesso econômico, pobreza e oportunidades limitadas. Merton reconhecia que a anomia moral pode atingir segmentos mais privilegiados da sociedade quando o comportamento criminoso bem-sucedido, sem a devida punição, torna-se muito frequente. Essa ideia foi levada adiante por Steven Messner, que argumenta que a institucionalização de um individualismo egoísta em todas as camadas da sociedade faz com que os indivíduos fiquem desprovidos de controles subjetivos que os previnam do uso de quaisquer meios para a consecução de seus objetivos, incluindo os meios violentos e criminosos. Essa conjunção "propícia" ocorreria quando os valores do mercado capitalista se sobrepõem aos transmitidos por outras instituições sociais, como a família, a escola, a política.

CRIME E IMPUNIDADE

Quanto maior a impunidade, menor o custo dos atos criminosos. Essa afirmativa encontra muito respaldo nas representações de senso comum entre os brasileiros. Ela é parte de uma abordagem teórica do crime das mais influentes, a teoria da dissuasão. Suas premissas são as seguintes:
   a) A capacidade punitiva do Estado afeta a incidência
      da criminalidade;
   b) O criminoso é dotado de caráter racional e utilitário,
      envolvendo cálculo de custo /benefício;

c) A ineficiência punitiva do Estado minimiza os custos advindos da atividade criminosa.

A impunidade inclui duas dimensões: o baixo grau de certeza da punição e a baixa severidade da punição. Nessa ótica, a dissuasão do crime requer mecanismos de transmissão de informações que desencorajem futuras violações da lei. A percepção do risco medeia a relação entre capacidade punitiva do Estado e comportamento criminoso.

Outro aspecto dissuasório muito importante para políticas públicas repressivas e preventivas refere-se ao fato de que a maior parte dos crimes é cometida por número restrito de criminosos. Se os órgãos repressivos do Estado são capazes de inibir a ação dos criminosos contumazes, a incidência da criminalidade tende a diminuir substancialmente. É o que se denomina efeito de incapacitação de criminosos.

Não há um estudioso específico que possa ser identificado como principal referência da teoria da dissuasão. Seus defensores convergem nas premissas e se diferenciam nas dimensões do Estado que consideram mais relevantes para explicar a relação impunidade/crime. São consideradas três dimensões, a saber:
- A atuação da polícia,
- Os efeitos da pena de prisão,
- A severidade das sentenças condenatórias.

A ação policial impacta a criminalidade quando realiza patrulhamento ostensivo e preventivo nas áreas que concentram os maiores indicadores de crimes, mas também quando se mostra competente na detenção de criminosos contumazes.

A incapacitação desses criminosos é o eixo principal de estudos dedicados a medir o impacto da pena de prisão na incidência da criminalidade. O sociólogo norte-americano William Spealm, por exemplo, argumenta que a cada 10% de crescimento da taxa de aprisionamento haveria uma redução de 4% na taxa de criminalidade, em especial crimes contra o patrimônio.

Qual o efeito da severidade da punição? Vários pesquisadores estudaram a relação entre o tempo médio de aprisionamento de criminosos e a incidência da criminalidade. Desde a década de 1970, pesquisas realizadas nos Estados Unidos procuram mensurar o efeito dissuasório da pena de morte, com resultados polêmicos.

CRIME COMO ESCOLHA RACIONAL

Condições socioeconômicas ou capacidade punitiva do Estado? O que, afinal, determina o crime? Gary Becker escapou dessa armadilha teórica ao reconhecer que ambos os fatores podem influir sobre a incidência da criminalidade. O criminoso é um indivíduo racional que faz escolhas morais ao longo da vida de acordo com cálculos de custo/benefício. Os adeptos de várias teorias partem da premissa de que o ser humano, ao fazer escolhas em sua vida, prioriza ganhos e benefícios que dizem respeito a seus desejos e valores, ao mesmo tempo em que tenta reduzir as perdas, dificuldades e eventuais punições. Todos queremos satisfação e prazer e evitamos sofrimentos e frustrações. Se um ato criminoso será cometido ou não, dependerá diretamente desses cálculos.

Conforme apontado por Becker, dois conjuntos de fatores condicionam o comportamento do potencial criminoso:

1. Os que estimulam o crime, oferecendo benefícios e ganhos com a atividade criminosa, incluindo no cálculo as perdas e dificuldades encontradas no mercado de trabalho;
2. Os que inibem o crime, elevando os custos para burlar a lei, como a eficiência do aparelho policial, a probabilidade de punição e a severidade das penas.

De acordo com a teoria da escolha racional, a combinação desses fatores varia ao longo do tempo, o que explica as oscilações na incidência da criminalidade. As condições socioeconômicas e o poder dissuasório do Estado não podem ser considerados como determinantes exclusivos do crime.

DESORDEM SOCIAL E CRIME

O programa de redução da criminalidade adotado pela cidade de Nova York na segunda metade da década de 1990 ficou mundialmente conhecido como "tolerância zero". O então prefeito da cidade, Rudolph Giuliani, tornou-se celebridade internacional, estimulando outros políticos a controlar a violência urbana através da repressão inicial aos pequenos delitos.

O que aconteceu em Nova York teve como fundamento uma teoria do crime elaborada por dois americanos, George Kelling e James Wilson. Eles escreveram, no início da década de 1980, o artigo denominado *Broken windows* (janelas quebradas), que inspirou o programa tolerância zero.

A premissa basilar dessa teoria é simples: comportamentos desordeiros nas comunidades e vizinhanças, se não forem devidamente controlados, favorecem a proliferação de crimes mais sérios. A desordem social não reprimida favorece a proliferação de crimes violentos. A desordem social inclui comportamentos diversos, como mendicância agressiva, prostituição, consumo de álcool e outras drogas nas ruas, pichações, depredação de patrimônio público e privado, comércio ambulante sem licença, entre outros. São infrações não consideradas crimes, dado seu baixo impacto na segurança coletiva.

Entretanto, as desordens sociais tornam as áreas inseguras. A cidadania evita essas áreas e se encolhe, reduzindo suas relações pessoais, atividades profissionais e de lazer. Tendem a ocorrer, paralelamente, os mecanismos de controle social informal entre os residentes, esfacelando-se a vida comunitária. A área torna-se vulnerável a mais comportamentos desordeiros e a delitos graves. Criminosos de diversos tipos passam a integrar o cotidiano dessas áreas.

Os residentes dessas áreas modificam seus comportamentos. Vão às ruas com menos frequência, evitam conversas com vizinhos e sobretudo desconhecidos, passam a ser mais calados e temerosos. Alguns podem chamar a polícia em certas ocasiões, se garantido o anonimato. Prisões ocasionais ocorrem, mas o crime e a desordem continuam.

DROGAS E CRIMINALIDADE

Uma importante vertente de estudos na sociologia do crime enfatiza o impacto das drogas ilegais na dinâmica da violência urbana. Essa relação foi sistematizada em artigo referencial do norte-americano P. Goldstein, que formulou uma categorização tripartite. Segundo o autor, os homicídios e roubos decorrentes do consumo e do comércio de drogas podem ocorrer em vários contextos:

a) Efeitos psicofarmacológicos das drogas. Após a ingestão da droga, alguns indivíduos perdem o autocontrole e agem de forma violenta. A violência psicofarmacológica também resulta da irritabilidade associada a síndromes de substâncias que causam dependência química. Além disso, o uso da droga pode contribuir para que o indivíduo se comporte violentamente, como também pode alterar seu comportamento de maneira a aumentar seus riscos de vitimização;

b) Formação de compulsão econômica: a dependência da droga aumenta a incidência de crimes contra o patrimônio. Alguns usuários de drogas são compelidos a se engajarem em atividades criminosas, perpetrando roubos e furtos, para financiar o consumo contumaz. Quando há reação das vítimas ou descontrole emocional do criminoso, podem ocorrer homicídios;

c) Violência sistêmica, relacionada à dinâmica do comércio de drogas, especialmente drogas ilícitas. Estão incluídas nesse item as disputas territoriais entre traficantes rivais, a afirmação de códigos de conduta no interior dos grupos de traficantes, a eliminação de informantes, as punições por adulteração de drogas, as punições por dívidas não pagas e outros conflitos que emergem no processo de comercialização do produto.

A dimensão sistêmica da relação droga/violência tem merecido muita atenção entre os estudiosos do tema. Ela direciona a atenção para um comércio de produtos considerados ilegais, definindo um mercado também ilegal. As negociações efetivadas em seu âmbito não estão amparadas pelas instituições do Estado, abrindo caminho para que os desacordos e conflitos que emergem em sua dinâmica sejam resolvidos pelo uso ou ameaça da força física. As armas de fogo, apetrechos comuns entre os comerciantes das drogas, são usadas como parte da estratégia de afirmação de reputação perante concorrentes e clientes. O cometer homicídios torna-se rotina, como recurso para resolver conflitos e para a consequente afirmação de poder nesse mercado ilegal. O que determina a violência, portanto, parece menos o efeito farmacológico das drogas e mais a ilegalidade do seu comércio.

Outros estudiosos argumentaram que o tráfico de drogas é um difusor de violência. As normas e padrões de conduta característicos do tráfico de drogas acabam por influenciar as atitudes e comportamentos de outros indivíduos sem envolvimento direto com a venda ou consumo da droga. A solução de conflitos do cotidiano passa a incorporar o recurso à força física, fomentando uma sociabilidade violenta nas regiões onde prevalece o comércio de drogas ilícitas. A resolução de outros conflitos também passa a ser armada.

CRIME E OPORTUNIDADES

Uma das teorias criminológicas em voga é a teoria das oportunidades, também qualificada de teoria das atividades rotineiras. Ela não explica a mudança das taxas de crimes a partir das características dos criminosos, mas a partir das suas atividades diárias, de rotina. O risco de cometer ou ser vítima de um crime é diretamente afetado pelas rotinas dos indivíduos, tanto no espaço como no tempo. Três elementos são essenciais na ocorrência do ato criminoso:

a) Delinquente motivado;
b) Alvo disponível;
c) Ausência de guardiães.

O crime ocorre quando o delinquente motivado visualiza alvos disponíveis de seu interesse, que podem ser pessoas ou patrimônios, e simultaneamente constata que tais alvos não estão devidamente protegidos. Em outros termos, "a ocasião faz o ladrão".

Essa abordagem toma a vítima como objeto de estudo, investigando como o estilo de vida influencia a probabilidade de vitimização criminal. O mesmo raciocínio pode ser usado para investigar o risco de cometer um crime.

Os estilos de vida definem o montante de tempo alocado a diferentes atividades e, consequentemente, o tempo de exposição a situações com risco de vitimização. Os fatores que mais influenciam o risco de vitimização dos indivíduos são:

a) Exposição, definida pela quantidade de tempo em que os indivíduos frequentam locais públicos, estabelecendo contatos e interações sociais;
b) Proximidade da vítima ao agressor e frequência de contatos sociais estabelecida entre ambos, que depende do local de residência, das características socioeconômicas, dos atributos de idade e sexo e da semelhança de interesses culturais;
c) A capacidade de proteção, que está relacionada ao estilo de vida das vítimas. Indivíduos que têm maior

capacidade de evitar contato com possíveis agressores têm menor risco de serem vitimados;
d) Atrativos das vítimas: as vítimas são mais atrativas quando oferecem menor possibilidade de resistência ou quando proporcionam maior retorno esperado do crime;
e) Natureza dos delitos, importante para determinar em que proporção cada fator exposto acima influencia a probabilidade de vitimização, que varia com o tipo de delito.

TEORIA DAS COORTES

Há quase dois séculos a idade foi consagrada como um importante fator na explicação do crime. Em 1833, Adolphe Quételet publicou a segunda edição de suas *Recherches sur le penchant au crime aux différents âges* (Pesquisas sobre a propensão ao crime em diferentes idades). Quételet, buscando estabelecer um observatório astronômico em Bruxelas, foi para Paris, onde encontrou gigantes da estatística e da probabilidade, como Poisson, Fourier e Laplace. Convencido de que os mesmos métodos poderiam ser aplicados aos fenômenos humanos, estudou as estatísticas de vários países europeus, sobretudo as francesas, que eram excelentes para a época. Uma das primeiras conclusões dessa linha de trabalho foi a de que "é perto da idade de 25 anos que a propensão ao crime atinge o seu *maximum*". A sua Tabela XIV mostra que homicídios, mortes, parricídios e envenenamentos atingiam o seu número mais alto entre 25 e 30 anos. Quételet reconhece que o *maximum* das mulheres é cinco anos a mais do que o dos homens. A primeira das conclusões de Quételet é a de que "a idade é, sem contradição, a causa que atua com mais energia para desenvolver ou moderar a propensão ao crime".

De lá para cá, acumulamos uma grande quantidade de pesquisas em diferentes países e épocas, havendo consenso na literatura internacional de que o crime e a violência, em geral, e o homicídio, em particular, são fenômenos *jovens*, sendo jovens tanto as vítimas quanto os agressores. Os jovens, proporcionalmente, cometem mais crimes, sobretudo os violentos. A idade precisa na qual se observa o pico de frequências varia de país para país, de época para época, e de acordo com o crime específico, mas em todos ele é um fenômeno *jovem*.

O nome que se tornou referência nessa área de estudos é Richard Easterlin, que estudou a relação entre taxa de crimes e/ou de homicídios e tamanho relativo das coortes jovens. Coorte é o conjunto de pessoas que nasceram no mesmo período. Ele e seus seguidores tentaram mostrar como a variação na incidência do homicídio é afetada pelas características da coorte.

Há duas características das coortes que afetam o seu comportamento:
- O tamanho relativo da coorte; e
- A percentagem de membros que nasceram de mães solteiras.

A história das coortes como explicação para o crime foi gerada pelo chamado *baby boom*. Durante a Segunda Guerra Mundial, muitas famílias norte-americanas postergaram a geração e o nascimento de novos membros. Baixaram as taxas de natalidade. O desejo de constituir família ou de aumentá-la ficou represado. Terminada a guerra, explodiram os casamentos e a taxa de natalidade. Demograficamente, o *baby boom* foi uma bolha no número de crianças. Poucos anos mais tarde, o tamanho dessa coorte colocou pressão para o aumento das vagas escolares e outros serviços infantis e juvenis. Quando essas crianças atingiram a idade de trabalhar, surgiu novo problema clamando por solução: a criação acelerada de empregos.

O mercado de trabalho foi muito alterado e as mudanças atingiram todos. Maduros e idosos tiveram de competir com jovens mais vigorosos, cujo trabalho era mais barato. Muitos jovens não conseguiram ingressar no mercado de trabalho e houve um crescimento dos crimes. O tamanho daquela coorte, muito superior ao das anteriores, afetou a sociedade norte-americana de alto a baixo.

A segunda dimensão da teoria das coortes é que as coortes grandes provocam um maior número de crianças que crescem somente com um dos pais, geralmente a mãe. Essas relações são complexas, com implicações para a criminalidade. Há maior número de crianças nessas condições, evidentemente, porque há maior número de pessoas. Porém, dada a diferença de idade entre parceiros, sendo os homens mais velhos e as mulheres mais jovens, há menos homens elegíveis na faixa desejada pelas mulheres jovens. Além disso, o desemprego, que afeta predominantemente homens jovens e pobres, reduz ainda mais a percentagem de homens "aceitáveis". O resultado é uma taxa algo mais alta de mulheres que não encontram parceiros fixos aceitáveis e, em consequência disso, de mulheres solteiras com filhos. Essa condição de filho de mulher solteira se correlaciona com crescer pobre, sem recursos, favorecendo, mas não determinando, sua inserção em carreiras criminosas.

CONCLUINDO...

O crime é fenômeno social complexo, não podendo ser compreendido pela representação simplória de que este ou aquele fator é sua causa determinante. A diversidade das teorias criminológicas evidencia que é mais prudente tratar o crime como produto de múltiplas causalidades, o que não significa ignorar a influência das condições socioeconômicas, incluindo a pobreza e a desigualdade.

A criminologia crítica, como também a teoria da desorganização social, a teoria da eficácia coletiva e mesmo a teoria da anomia reconhecem que indivíduos submetidos a contextos de carência de saúde, educação, infraestrutura urbana e emprego são mais vulneráveis ao desenvolvimento de motivações criminosas. Isso decorreria de eventual embrutecimento diante das necessidades básicas de sobrevivência, ou da incapacidade das comunidades empobrecidas de exercerem controle social informal, não ignorando também a relativização de parâmetros morais quando os sonhos de enriquecimento e consumo defrontam-se com as limitações da posição social. A ênfase da teoria da anomia, na verdade, recai menos sobre a pobreza absoluta e mais sobre a desigualdade social.

Tornar-se criminoso envolve também aprendizagem. O criminoso não é desprovido de moralidade: ele internaliza valores e crenças que lhe fornecem um sentido para os atos ilegais cometidos. No Brasil e em muitos outros países, o jovem criminoso é influenciado por gangues juvenis ou por pessoas às quais devota muito respeito. Esses são aspectos enfatizados pela teoria da subcultura e pela teoria da associação diferencial.

A teoria da dissuasão também contribui para se compreender o crime. A impunidade não pode ser ignorada. Tanto a baixa severidade quanto o alto grau de incerteza da punição podem estimular o ingresso de muitas pessoas no crime, como também favorecer aqueles que já se encontram nele. Esse argumento é reforçado pela teoria da escolha racional e em boa medida pela teoria das janelas quebradas.

As drogas ilegais afetam a incidência de crimes violentos, em especial os homicídios. E não porque provocam transtornos nas personalidades de seus usuários. O problema está na própria ilegalidade do consumo e, principalmente, da produção e venda dessas drogas. Em outras palavras, o tráfico de drogas, por ser um mercado ilegal, acaba por gerar a violência em sua dinâmica cotidiana, disseminando o uso da arma de fogo nas localidades onde se faz presente.

Não podemos nos esquecer das instigantes contribuições oferecidas pela teoria dos rótulos e pela teoria das atividades rotineiras. O foco delas não é a causa do crime, mas nos mostram quão importante é dar atenção a quem elabora as leis penais e ao contexto de oportunidades do ato delituoso.

O reconhecimento da multicausalidade do crime permite escapar da aparente contradição revelada nos dois primeiros capítulos do livro: houve redução do desemprego, da pobreza e da desigualdade social na sociedade brasileira nas duas últimas décadas, mas também houve aumento dos crimes e das mortes violentas. Nossa realidade mostra que outros fatores estão influindo na incidência do crime e da violência.

Analisaremos alguns desses fatores sociais a partir de agora. Nossa hipótese propõe que o crescimento da criminalidade violenta na sociedade brasileira está associado à consolidação do tráfico de drogas em nossas cidades, em combinação com os elevados patamares de impunidade vigentes em nosso arcabouço legal e com a precária atuação da polícia, da justiça e do sistema prisional.

4

Jovens, drogas e violência

O CRESCIMENTO DA VIOLÊNCIA na sociedade brasileira está intimamente associado aos jovens de 15 a 24 anos de idade. A taxa de homicídios desse segmento mais do que duplicou entre 1980 e 2011, quando passou de 19,6 para pouco mais de 50 homicídios para cada grupo de 100 mil habitantes. Nas demais faixas etárias não se verifica crescimento tão expressivo da vitimização. Os jovens são as principais vítimas e os principais autores da criminalidade violenta.

Essa relação é chave para compreendermos a deterioração da segurança pública nas últimas décadas, a despeito dos avanços socioeconômicos. O crescimento da violência entre os jovens se concentrou nas periferias urbanas. Diversas pesquisas realizadas no Brasil, que se dedicam a elaborar o mapa da violência no espaço urbano, chegaram à mesma conclusão: a incidência de homicídios é maior nas favelas e bairros de baixo poder aquisitivo.

Por que os jovens negros e pobres das periferias urbanas tornaram-se mais violentos nas décadas de 1990 e 2000 em comparação com jovens nas décadas anteriores? Se houve melhoria concreta nas condições de vida desses jovens e de suas famílias, como explicar o ingresso de muitos deles em trajetórias criminosas? Por que passaram a matar com mais frequência, usando armas de fogo?

Pesquisas realizadas no Brasil nos últimos trinta anos nos permitem responder tais perguntas: o crescimento e a consolidação do tráfico de drogas nas periferias das cidades, comercializando, num primeiro momento, a maconha, a cocaína em pó e, posteriormente, o crack, inseriram um número crescente de jovens no círculo vicioso da criminalidade e da violência.

O problema não está nos efeitos químicos que essas drogas provocam no organismo dos usuários. A maconha, a cocaína em pó e o crack não criam, necessariamente, pessoas agressivas e dispostas a matar. Eles criam uma necessidade física e psicológica que favoreçe furtos e roubos, mas não a violência em si, que surge na comercialização dessas drogas, ou seja, o próprio tráfico de drogas é que gera jovens dispostos a matar. Isso acontece porque o comércio de certas drogas é muito rentável, por ser ilegal, considerado crime pelo ordenamento jurídico.

O TRÁFICO DE DROGAS COMO COMÉRCIO ILEGAL

É comum conceber o traficante de drogas como um criminoso cruel e violento por natureza. Muitos deles se enquadram nesse estereótipo, mas, na maior parte das vezes, não são nem podem ser assim. O traficante de drogas é, antes de tudo, comerciante. Como tal, ele disponibiliza um produto que encontra freguesia. As drogas que vende satisfazem as necessidades de consumidores. É uma relação comercial como qualquer outra, sujeita às mesmas regras da oferta e da procura. A grande diferença é que esse comércio é considerado crime pela legislação. O tráfico de drogas é um exemplo de mercado ilegal. Há outros.

Vender ilegalmente drogas cujo consumo também é ilegal não constitui, em si, crime violento. As pessoas envolvidas participam voluntariamente de uma troca, na qual uma fornece o produto e a outra paga por ele. Entretanto, por ser uma atividade altamente rentável, acessível a pessoas com baixo nível educacional que estão alijadas de outras atividades rentáveis, a competição entre vendedores é intensa e tende a ser resolvida mediante o uso da ameaça, da coerção, da força física e da violência, inclusive letal. Há também divergências e conflitos nas trocas entre vendedores e consumidores. A impossibilidade de se recorrer normalmente ao Estado e à legislação para resolver os conflitos e para garantir o cumprimento dos acordos abre espaço para a violência como forma de resolver conflitos e pendências. A violência usada pode variar de intensidade, indo desde a simples ameaça até as chacinas.

Não afirmamos que a violência é o padrão das relações entre traficantes e usuários de drogas. A lucratividade do negócio necessita da solução pacífica de conflitos, tal como ocorre nas demais atividades econômicas. Entretanto, a desconfiança prevalece no tráfico de drogas. A desconfiança torna o uso da força física um instrumento racional de minimização dos riscos. Garante alguma previsibilidade na dinâmica dos negócios a partir da premissa de que as pessoas envolvidas sabem que são altos os custos advindos de uma pretensa traição. Assim, a violência é um recurso comum nas transações econômicas nesse mercado ilegal.

A padronização da violência levou à valorização das armas de fogo no tráfico de drogas. Quem as possui e sabe utilizá-las leva clara vantagem sobre os demais. A capacidade de mostrar força e de se impor aos adversários, inclusive de matá-los, fortalece o traficante. Traficante sem armas não impõe respeito e não dura.

Até o início da década de 1980, a maconha era a droga ilegal mais comercializada pelos traficantes no Brasil. A partir de então, a cocaína em pó ganhou espaço, em parte devido à queda dos preços nos centros produtores, nos países andinos. Começaram a produzir a pasta base de cocaína em larga escala, aumentando a oferta da droga aos traficantes brasileiros, que repassaram os benefícios a seus clientes. O crack chegou ao Brasil mais tarde, na virada da década de 1990. Outras drogas ilegais, incluindo as sintéticas, também passaram a ser oferecidas pelos traficantes, tais como o ecstasy e as meta-anfetaminas, que atingiram um segmento mais restrito de consumidores. O Brasil se tornou um lucrativo mercado consumidor de drogas ilegais de direito próprio, não sendo mais um mero entreposto para o tráfico internacional.

A "BOCA DE FUMO"

Muitos acreditam que as favelas são as únicas regiões das cidades brasileiras onde o tráfico de drogas está presente. Não é verdade. O tráfico de drogas atua também nos bairros das classes alta e média, ainda que de maneira diferente. Aí ele é menos visível. A comercialização das drogas não tem formato único, podendo adotar formas diferentes, como as redes de empreendedores e as redes de bocas.

A rede de empreendedores é uma estrutura descentralizada, que tem como referências pessoas que são os contatos para a compra das drogas. São essas pessoas que podemos qualificar de empreendedores. Não moram nas favelas ou nos bairros de classe baixa. Residem em casas ou apartamentos de boa qualidade, muitos têm empregos formais e não são identificados por vizinhos e parentes como traficantes. Levam uma vida normal, acima de qualquer suspeita.

O empreendedor não é dono da droga que comercializa. Ele a consegue de um fornecedor, que é o gerente do negócio, prestando contas a um patrão, o verdadeiro dono da "firma". O empreendedor tão pouco é um empregado desse patrão. Ele tem autonomia para realizar seu trabalho e não se restringe a um bairro da cidade. Seus clientes o procuram para comprar a droga e o fazem com frequência. É através de festas, eventos sociais, contatos em bares e restaurantes que o empreendedor conquista novos clientes, tornando-se o fornecedor habitual da rede de contatos que construiu. Esse tipo de traficante não é violento e não porta arma de fogo. Quanto mais discreto for, menos riscos corre. É dessa maneira que o tráfico de drogas funciona nos bairros mais ricos dos grandes centros urbanos brasileiros.

A rede de bocas, por sua vez, é a estrutura do tráfico que aparece na mídia. É a que domina a periferia urbana. Boca é uma referência espacial, um ponto comercial para a venda de uma droga ilegal. É o lugar, e não os indivíduos, que atua como hiperlink para a formação das conexões. É hierárquica e centralizada, com clara divisão de atividades. Tem um patrão.

O patrão é quem "põe a droga no lugar". Não é necessariamente morador local e pode ser proprietário de várias bocas em locais distintos. Em geral, não é conhecido pelo grupo que trabalha diretamente conectado a essa estrutura na posição de vendedores, os pequenos traficantes. Seu contato é mais restrito ao gerente. O gerente é conexão central na rede de bocas. Seu papel é de grande responsabilidade e com atividades multivariadas. Encarrega-se do embalo, da distribuição da mercadoria, da contagem, da aferição do lucro, da distribuição de tarefas, da decisão sobre a forma de resolução dos problemas e do acerto de contas e administração dos recursos humanos sob sua responsabilidade.

Um dos movimentos mais dinamizadores de uma rede de bocas é o das conexões com os moradores locais que querem se integrar à linha de frente da comercialização. Podem estar conectados na condição de vapores ou guerreiros (vendedores), aviões (acionam os vendedores e entregam a droga), correria (deslocamento entre bocas), olheiros, fogueteiros (acionadores da segurança), faxineiros ou ratos (cobradores e matadores). É nesse segmento da rede de bocas que se inserem as gangues juvenis, susceptíveis à execução de homicídios.

Perguntemos por que muitos jovens das periferias das cidades brasileiras foram atraídos pelo tráfico de drogas nas últimas décadas, passando a fazer uso mais ostensivo das armas de fogo.

OS JOVENS DO TRÁFICO

A participação no tráfico de drogas proporciona uma série de benefícios aos jovens da periferia, destacando-se o ganho monetário. É uma atividade que oferece dinheiro fácil e rápido, e numa quantidade que dificilmente o trabalho formal consegue proporcionar. E esse dinheiro pode ser utilizado para fins diversos, como, por exemplo, ajudar nas despesas da família. Mas estudiosos brasileiros têm mostrado que a destinação principal da renda obtida com o tráfico de drogas pelos jovens é o consumo de roupas e calçados de marcas famosas, aparelhos eletrônicos e mesmo farras e festas regadas a drogas e mulheres. A motivação principal do ingresso de jovens pobres no "movimento" ou na "atividade" não é, portanto, a sobrevivência – alimentação, moradia, educação e saúde.

O individualismo, o hedonismo e o consumismo são as principais motivações. A disseminação desses valores foi muito acentuada no Brasil em décadas (e não apenas anos) recentes, acompanhando de perto o crescimento da economia, a redução da pobreza e do desemprego e o aumento da renda das famílias. A despeito de tais conquistas sociais, a desigualdade social no Brasil permanece em níveis bastante elevados. Na prática isso significa que as oportunidades de os jovens da periferia urbana realizarem seus sonhos e desejos de consumo são ainda limitadas, comparadas com as dos jovens oriundos de famílias das classes média e alta.

O descompasso entre o desejo de consumo e a renda familiar modesta tornou o tráfico de drogas muito sedutor. "Na atividade dá para descolar uma grana legal", afirmação que desafia a escola e o trabalho formal, que acabam desvalorizados como meios para alcançar o desejado. Na racionalidade desse jovem que se incorporou ao tráfico, o importante é conseguir dinheiro de maneira rápida e sem muito esforço. Ao incorporar-se ao tráfico, jovens como esse abandonam os estudos.

Há outros atrativos oferecidos pela comunidade do tráfico. As gangues, as galeras e grupos criminosos organizados desenham a face coletiva da atividade criminosa. Como outros grupos primários, compartilham valores, crenças e regras.

Compromissos de solidariedade e de lealdade definem parte expressiva dos laços entre seus componentes. Ingressar no tráfico de drogas pode significar para o jovem alcançar respeito, proteção, autoestima, visibilidade. A arma de fogo exerce atração sobre os jovens do tráfico. Ela é um instrumento de amplo significado simbólico; sua posse e ostentação demonstram força, virilidade, masculinidade, *status*. Permitem superar as angústias da invisibilidade que anula o jovem negro da favela, invisibilidade que está atrelada ao preconceito e à desigualdade social.

CRACK: DROGA "MALDITA"

A comercialização do crack multiplicou a violência relacionada ao tráfico de drogas no Brasil. A entrada do crack transformou o tráfico de drogas. O crack chegou em território brasileiro há mais de duas décadas, a partir da Região Metropolitana de São Paulo. Os serviços ambulatoriais começaram a registrar consumidores da droga na cidade a partir de 1989. Desde então, houve um crescimento contínuo da participação do crack no mercado das drogas ilícitas, atingindo o país como um todo, nas grandes e pequenas cidades, nas regiões metropolitanas e no interior.

A principal fonte de dados que sustenta tal diagnóstico é a pesquisa realizada pela Confederação Nacional dos Municípios Brasileiros, em dezembro de 2010, que identificou a presença do crack em 98% dos municípios do país. Não podemos afirmar, contudo, que o crack é a droga ilegal mais consumida no Brasil. De acordo com o 2º Levantamento Nacional de Álcool e Drogas, a prevalência do consumo de crack em 2011 entre adultos limitou-se a 1% dos entrevistados, cerca de um milhão de brasileiros. O consumo de cocaína em pó duplicou, atingindo 2% da população adulta. Outra conclusão importante desse estudo é a de que o Brasil se tornou o principal mercado consumidor de crack do mundo.

Há evidências da presença do crack tanto na Europa quanto na América do Norte e demais países da América do Sul. Nos Estados Unidos, a droga foi comercializada pela primeira vez no início da década de 1980, e seu consumo propagou-se rapidamente, atingindo níveis epidêmicos até meados da década de 1990.

O crack é, na verdade, uma versão da cocaína para ser fumada, diferentemente da cocaína cheirada, que tem a forma de pó, o cloridrato de cocaína, enquanto o crack tem forma sólida, em pequenas pedras. A cocaína é um alcaloide encontrado nas folhas de coca em baixas doses.

Compreender os processos químicos que resultam no crack e suas diferenças em relação às outras formas de cocaína fumada é importante para se evitar confusões terminológicas ou visões equivocadas de senso comum. É recorrente, por exemplo, afirmar que o crack é um "subproduto da cocaína", o que não é verdade. O crack não é obtido de eventuais resíduos da produção da cocaína em pó. Ele pode ter mais impurezas, caso tenha a pasta base de coca como matéria-prima, o que não é o caso se for produzido a partir da própria cocaína em pó. O teor médio de cocaína no crack é de 70%, ao passo que no cloridrato de cocaína chega a 90%. As formas mais impuras de cocaína fumada são a merla e o oxi, obtidos diretamente da pasta crua de coca.

É importante conhecer a ação no organismo humano do crack e das demais formas de cocaína. Há diferenças essenciais que dizem respeito ao modo de administração da droga. A cocaína é um estimulante que atua sobre o sistema nervoso central, incrementando a disponibilidade de neurotransmissores, em especial a dopamina. Seu consumo produz sensação de bem-estar e euforia, com aumento do estado de alerta e da concentração, além de acelerar o pensamento e aumentar o prazer sexual. Essas sensações são substituídas, após algum tempo, por momentos de disforia, de natureza depressiva, com aumento da fadiga, da irritabilidade e da impulsividade.

O efeito *high* seguido do *crash* caracteriza todas as formas de cocaína, seja cheirada, fumada ou intravenosa. O que é singular nas formas de cocaína fumada, incluindo o crack, é a intensidade e o tempo de duração desses momentos. A cocaína fumada é absorvida mais rapidamente pela corrente sanguínea via alvéolos pulmonares, chegando ao cérebro em poucos segundos. Em consequência, sua metabolização pelo organismo também é mais rápida, de modo que seus níveis na corrente sanguínea são reduzidos na mesma velocidade. As sensações de euforia e disforia são muito mais rápidas e intensas comparativamente à cocaína intranasal. Para se ter uma ideia dessa diferença, o início dos efeitos eufóricos do crack se dá entre oito e dez segundos, enquanto no cloridrato de cocaína se dá entre cinco e dez minutos. A duração é de cinco a dez minutos no crack e de 30 a 60 minutos na cocaína em pó.

Esses efeitos da cocaína fumada explicam em boa medida a tendência ao uso compulsivo do crack. Com o intuito de experimentar novamente o efeito positivo da droga e buscar alívio para o efeito depressivo, o usuário tende a adotar um padrão de consumo compulsivo que pode durar dias, interrompidos apenas pela exaustão física. Esse padrão de consumo é conhecido como *binge*. Os usuários que o desenvolvem acabam por vivenciar outros efeitos da droga. Com o aumento progressivo do consumo, aparecem sintomas paranoides, tais como suspeição e perseguição, que podem culminar em quadros psicóticos com diversos níveis de gravidade.

Por outro lado, é mito a crença de que fumar a primeira pedra de crack provoca uma dependência imediata. Estudos realizados no Brasil e nos EUA evidenciam a existência do consumo controlado de crack, apesar de minoritário, caracterizado pelo uso não diário da droga. Prevalece, entretanto, a constatação de que a compulsividade é o padrão de consumo mais recorrente entre os usuários de crack do que entre os usuários do cloridrato de cocaína.

O perfil social dos usuários de crack no Brasil tem sido estudado desde a década de 1990 por pesquisadores do campo da saúde pública, mas os estudos se concentraram na cidade de São Paulo. O perfil predominante é do sexo masculino, jovem, solteiro e de baixa classe econômica. Deixemos claro que o consumo do crack alcançou o segmento feminino e indivíduos de classes sociais de maior poder aquisitivo, mas com representação minoritária.

A mortalidade dos usuários de crack está associada com a violência urbana. Marcelo Ribeiro e Luciana Lima constataram que a taxa de mortalidade entre usuários de crack na cidade de São Paulo entre 1992 e 2006 foi sete vezes superior à da população em geral. A maioria (mais de 50% das mortes) morreu vítima de homicídio, enquanto um quarto faleceu em decorrência da Aids, vindo a seguir as mortes por overdose e por hepatite B. Essa evidência sugere que a introdução do crack no tráfico de drogas na sociedade brasileira aumentou a incidência de homicídios, elevando o patamar da violência urbana.

CRACK E HOMICÍDIOS

O crack aumentou as situações de endividamento no tráfico de drogas devido a seu principal efeito farmacológico, que é a compulsão ao uso. O usuário endividado aumenta o risco de ser vítima de violência quando quebra os procedimentos em relação aos débitos. Isso significa que dever não é um mal em si, mas a traição sim. Se um usuário está devendo a uma boca e compra de outra, está infringindo um código local, sendo denunciado, inclusive, entre traficantes concorrentes. A negociação é possível desde que esse devedor seja percebido como portador de atitudes coerentes em relação ao seu débito, tais como não demonstrar uso ou não realizar outra compra antes de quitar a dívida. E os usuários do crack são contumazes nessa "traição".

O crack provoca conflitos originados do "derrame" da droga, ou seja, a droga que, em vez de ser vendida, é consumida pelo traficante. Ao contrário de outras drogas, o crack não é um produto que permite "malhação" ou "dobra", estratégias para garantir geração de um *plus* a partir de uma quantidade de produto adquirido. Assim, a incorporação do usuário à rede de comercialização para o sustento do seu consumo compulsivo e o consequente "derrame" tornam-se mais recorrentes devido à fissura provocada pelo uso. Na cadeia de repasse, o derrame torna-se um problema para o usuário e sobretudo para o vendedor que repassou a droga para o usuário e que posteriormente tem de acertar contas com o gerente de sua boca.

O endividamento gerado pelo crack desemboca em outro crime, o roubo. Este torna-se prática comum porque as bocas atuam muito por escambo. O trabalho de grande parte das conexões internas à rede é feito por mão de obra remunerada por produto. Nesse sentido, tanto o dinheiro quanto algum tipo de bem atuam como meio de troca pela droga. Essa prática estimula o roubo no comércio do crack. As situações de roubo geralmente ocorrem no entorno das bocas, tornando os usuários do crack passíveis de retaliação pelos membros da rede local.

A alta rentabilidade das bocas propiciada pelo crack também gera violência. A disputa no mercado da droga não se dá em torno do seu valor de revenda. Esse valor já é estipulado em instâncias mais amplas da rede de comercialização, que começa no fornecimento da pasta base, passando pelos laboratórios de processamento da droga, pelos grandes distribuidores e chegando aos fornecedores locais com um valor fixo. Enfim, um centro de comercialização, como a rede de bocas, não determina o valor da pedra de crack. As situações geradoras de conflitos abertos, geralmente denominadas de "guerra do tráfico", são originadas de confrontos armados entre os membros das respectivas redes, visando à "tomada de uma boca". A rentabilidade da boca atrai as atenções daqueles que atuam no mercado local.

A DIFUSÃO DA VIOLÊNCIA

Devemos considerar os efeitos indiretos do comércio de drogas ilícitas sobre a violência, qualificando um processo de difusão de homicídios. Esse processo envolve as maneiras através das quais as normas e padrões de conduta característicos do tráfico de drogas acabam por influenciar as atitudes e comportamentos de outros indivíduos que não têm envolvimento direto com a venda ou consumo da droga. A solução de conflitos do cotidiano tende a incorporar o recurso à força física, fomentando uma sociabilidade violenta nas regiões onde prevalece o comércio de drogas ilícitas. O processo de difusão da violência tem como principal vetor a arma de fogo, acessada com maior intensidade pelos jovens inseridos no comércio de drogas ilícitas.

As rivalidades entre as gangues juvenis adquirem nova conformação, suscitando tiroteios frequentes entre seus membros. Conflitos diversos, não relacionados apenas ao mercado ilegal, passam a ter desfecho letal. É muito comum as gangues juvenis se confrontarem porque um dos membros foi assassinado e os demais companheiros se esforçam por vingar essa morte. Assassinatos recíprocos tendem a se prolongar ao longo do tempo, movidos pelo círculo vicioso das vinganças que foi instaurado.

O processo de difusão da violência pode atingir outros indivíduos da comunidade. A disseminação da arma de fogo fomenta um ambiente de insegurança, de medo e percepção de perigo. A partir das redes de relações dos jovens já envolvidos nas gangues e no comércio das drogas ilícitas, outros jovens tendem a se armar como recurso de suposta proteção. Os resultados dessa dinâmica social são uma escalada de corrida às armas de fogo na região, aumentando a probabilidade de letalidade de conflitos cotidianos que extrapolam o mercado ilegal das drogas.

CONCLUINDO...

O argumento desenvolvido neste capítulo é simples: a expansão do tráfico de drogas nas periferias urbanas em décadas recentes constitui a principal matriz geradora de crimes violentos na sociedade brasileira. Jovens residentes nesses territórios foram e continuam sendo recrutados para o mercado ilegal das drogas, que lhes oferece ganhos econômicos e simbólicos bastante atrativos. A arma de fogo passou a ser amplamente utilizada não apenas como instrumento de poder e resolução de conflitos, mas também de ostentação e *status*. Matar tornou-se procedimento rotineiro, alimentando a crueldade de alguns.

E os motivos para matar não se restringem ao tráfico, incorporando vinganças intermináveis entre membros de gangues. Motivos fúteis, tais como namorar a ex-namorada de um traficante, são passíveis de assassinatos. O crack é o combustível adicional que alimentou ainda mais esse processo.

O tráfico de drogas também cresceu nos bairros de maior poder aquisitivo, mas não tem gerado tanta violência quanto nas periferias urbanas. E isso pode ser explicado pelo formato distinto que o comércio das drogas ilícitas assume nesses territórios. A rede de bocas que predomina nas comunidades mais pobres caracteriza-se pelo recrutamento contumaz de jovens e pelo uso intensivo da arma de fogo.

As evidências empíricas que apoiam o argumento são incompletas. Não sabemos com certeza qual é a porcentagem de homicídios no Brasil que têm os conflitos do tráfico de drogas como motivações e seu crescimento ao longo do tempo. Mas algumas pesquisas recentes sinalizam a favor do nosso argumento.

Estudo realizado em Belo Horizonte por Luís Flávio Sapori, Lúcia Lamounier e Bráulio Figueiredo constatou que, entre 1995 e 2009, as motivações relacionadas com o tráfico de drogas saltaram de 8% para 33%, tornando-se a principal motivação dos homicídios na cidade. O economista Daniel Cerqueira, por sua vez, constatou em abrangente pesquisa que o aumento da demanda por armas e drogas nos últimos anos da década de 1980 ajuda a explicar a explosão de homicídios ocorrida nas cidades do Rio de Janeiro e São Paulo na virada da década e nos anos 1990. A partir dos anos 2000, a expansão do mercado de drogas ilegais atingiu outros estados brasileiros, especialmente os nordestinos, o que aumentou as taxas de homicídios.

Crescimento econômico, maior inclusão social e consolidação do tráfico de drogas avançam paralelamente no Brasil. E é por isso que a incidência de homicídios e roubos também recrudesce.

5

Impunidade e violência no Brasil

É DIFÍCIL ENCONTRAR UM brasileiro que não reclame da impunidade no país. Há uma sensação generalizada de que os criminosos estão agindo com muita facilidade, disseminando o medo entre os "cidadãos de bem". A insatisfação com a atuação das polícias é muito grande, como também com a justiça. Prevalece no senso comum a representação de que a legislação penal é branda com os criminosos, especialmente com os adolescentes infratores.

De fato, a impunidade no Brasil atinge patamares intoleráveis. Ela constitui outro fator social que tem contribuído diretamente para o crescimento da criminalidade violenta. E impunidade diz respeito à baixa efetividade do Estado na garantia da segurança pública. A preservação da vida e do patrimônio dos cidadãos é responsabilidade das instituições estatais especificamente criadas para esse fim, quais sejam, a polícia, a justiça e a prisão. Compõem o que se denomina de sistema de segurança pública, com divisão complementar de atribuições. A polícia previne e investiga os crimes, a justiça processa e julga os acusados e a prisão aplica a pena dos criminosos condenados.

Além da Constituição Federal, outros ordenamentos jurídicos delimitam o funcionamento do sistema de segurança pública, como o Código Penal, o Estatuto da Criança e do Adolescente, o Código de Processo Penal e a Lei de Execução Penal.

A impunidade no Brasil diz respeito ao mau funcionamento de todo esse arcabouço institucional. E ela abarca duas dimensões:

- O baixo grau de certeza da punição, que se refere à ineficiência do sistema de segurança pública na aplicação do ordenamento jurídico;
- A baixa severidade da punição, que se refere à brandura da legislação penal e processual.

É a combinação de ambas as dimensões que cria um contexto social favorável à disseminação da criminalidade violenta, a despeito dos avanços sociais e econômicos. As evidências da impunidade são bastante variadas e serão analisadas nos itens seguintes.

A SUBNOTIFICAÇÃO CRIMINAL

A punição do criminoso só pode ocorrer quando a polícia registra oficialmente o ato delituoso e identifica a autoria, viabilizando os atos processuais posteriores, que culminam na prisão do autor. Se a vítima não registrar o crime, esses procedimentos não serão executados, gerando impunidade. É o que se denomina de subnotificação criminal, ou mesmo de cifra negra da criminalidade.

A pesquisa mais recente sobre o assunto foi realizada pelo Datafolha e Crisp/UFMG, com financiamento do Ministério da Justiça. Os resultados foram divulgados em 2013 (Gráf. 20).

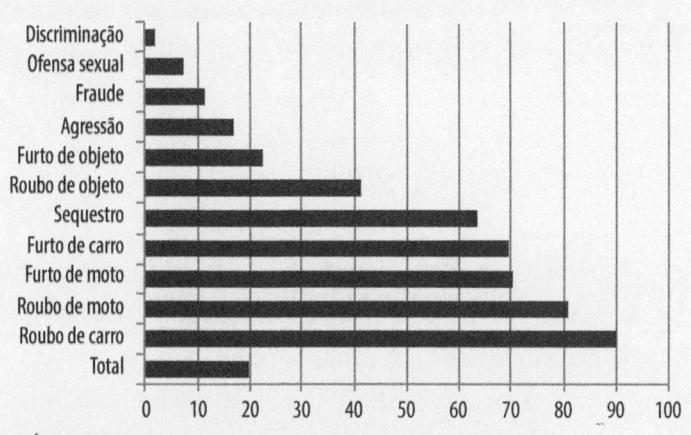

GRÁFICO 20. Notificação de crimes à polícia (% sobre o total) – Brasil.
Fonte: Pesquisa Nacional de Vitimização. Datafolha e Crisp/UFMG, 2013.

Apenas 20% do total de brasileiros que foram vítimas dos crimes especificados, no ano anterior à pesquisa, se dispuseram a registrar o fato à polícia. Uma subnotificação de 80%, que varia de acordo com o tipo de crime: furtos e roubos de carros e motos são mais notificados. E isso se deve ao simples fato de que o recebimento do valor do seguro do veículo furtado ou roubado depende da formalização do crime pela polícia. O seguro é obrigatório, mas alguns proprietários não asseguram seus veículos.

Nos crimes de furto e roubo de objeto, entretanto, a subnotificação é superior a 60%. Ou seja, mais da metade dos brasileiros que são vítimas de crimes contra o patrimônio não acionam a polícia. Mais grave é outra evidência obtida nessa mesma pesquisa: mesmo nos crimes notificados, na maioria dos casos (62%), os autores não foram identificados. Essas taxas sobem para 91% nos furtos de carros, 85% nos furtos e roubos de objetos, crimes que dependem ainda mais da investigação policial. Não é casual, portanto, que uma das principais justificativas das vítimas para não acionarem a polícia é a descrença na capacidade da instituição de apurar o crime ocorrido.

A BAIXA CAPACIDADE PREVENTIVA DA POLÍCIA

O efetivo policial, quando distribuído nos locais e horários de maior incidência da criminalidade (zonas quentes de criminalidade), é capaz de reduzir a ocorrência do fenômeno. A presença de policiais fardados, patrulhando diariamente as vias públicas, reduz as oportunidades para o cometimento de crimes. Quando isso é feito de maneira precária, poucos criminosos conseguem vitimar grande número de pessoas, especialmente no que concerne aos crimes contra o patrimônio. Essa é a realidade prevalecente nas grandes e médias cidades brasileiras.

O policiamento ostensivo no Brasil ainda é meramente reativo. A polícia atua quando o crime já foi consumado. São raros os planos operacionais pautados pela lógica proativa, distribuindo os recursos humanos e materiais com o intuito de prevenir a incidência de crimes. É fala recorrente entre os comandos das polícias militares no Brasil a de que a polícia não tem como se antecipar ao crime, evitando sua ocorrência, o que leva a uma postura de resignação diante dos elevados indicadores de criminalidade violenta, como se nada pudesse ser feito. Prevalece a prática de distribuir o efetivo policial por turnos de trabalho, sem análises prévias da distribuição do crime no tempo e no espaço.

Contudo, o efetivo policial no país é relativamente baixo, dificultando ainda mais o policiamento preventivo. De acordo com o **Anuário brasileiro de segurança pública 2013**, somando-se o contingente das polícias militares e das polícias civis, o Brasil possui cerca de 520 mil policiais, o que representa um policial para cada 363 habitantes. O estado brasileiro com o pior indicador é o Maranhão (um policial/710 habitantes); já o Distrito Federal, com um policial/135 habitantes, apresenta a melhor relação entre efetivo policial e tamanho da população.

Nos países europeus essa relação está entre 315 e 238 habitantes por policial, conforme levantamento realizado por Marcos Rolim. Nos Estados Unidos é semelhante, com média de 250 habitantes por policial. Como se constata, a relação habitantes por policial no Brasil supera a observada na Europa e EUA, o que significa contingente policial inferior a essas regiões. A taxa de crimes violentos no Brasil é muito elevada, reforçando a constatação de que o contingente policial no Brasil é reduzido diante do tamanho do problema que deve enfrentar.

A BAIXA CAPACIDADE INVESTIGATIVA DA POLÍCIA

A investigação de crimes envolve a adoção de procedimentos para se comprovar, antes de tudo, que o fato realmente aconteceu, ou seja, coletar evidências sobre a materialidade e a autoria do crime. Esse trabalho é sistematizado no inquérito policial que, quando finalizado, é remetido à justiça. Considera-se o crime esclarecido quando o inquérito policial conseguiu evidenciar a materialidade e a autoria, sustentando a atividade processual. Quando isso não acontece, a impunidade prevalece.

As evidências empíricas disponíveis revelam um quadro preocupante no que diz respeito à impunidade para o crime de homicídio no Brasil. Relatório que compõe a Estratégia Nacional de Justiça e Segurança Pública – Enasp, resultado da parceria entre o Conselho Nacional do Ministério Público (CNMP), o Conselho Nacional de Justiça (CNJ) e o Ministério da Justiça (MJ), estima que apenas entre 5% e 8% dos homicídios anualmente ocorridos no país têm autoria e materialidade identificadas, contrastando fortemente com os patamares observados nos Estados Unidos e Europa, acima de 70% de elucidação. Em alguns casos isolados é possível constatar taxas de elucidação de homicídios no Brasil próximas a 40%, mas são melhoras pontuais no tempo e no espaço.

A gravidade da situação é de tal ordem que a Enasp fez um levantamento dos inquéritos de homicídios instaurados em todas as delegacias de polícia do país até o dia 31 de dezembro de 2007, que ainda se encontravam em tramitação, obtendo o número assustador de 134.944 inquéritos. Em outras palavras, havia no Brasil, na segunda metade da década passada, mais de 130 mil homicídios não esclarecidos, portanto, sem autoria identificada e obviamente sem qualquer tipo de punição dos responsáveis. Devido à intensa mobilização empreendida pela Enasp, esse estoque foi reduzido para pouco mais de 66 mil inquéritos no início de 2013.

No que diz respeito aos roubos, o patamar de impunidade é ainda maior. Não dispomos de dados nacionais para sustentar essa afirmação, porém, o que é conhecido através de pesquisas em realidades locais permite-nos fazer injunções para todo o país. Em Minas Gerais, por exemplo, entre os anos de 1998 e 2005 somente 7% dos roubos registrados pela Polícia Militar resultaram em inquéritos policiais. E não se sabe quantos desses inquéritos conseguiram esclarecer a autoria dos roubos.

No município de São Paulo a impunidade não é muito diferente, conforme estudo realizado pelo Instituto Sou da Paz: entre os anos de 2009 e 2011, apenas 6% dos boletins de ocorrência (BO) registrados pela Polícia Militar, nos crimes de roubo e extorsão, tiveram prosseguimento mediante instauração de inquéritos policiais. E, considerando os inquéritos de roubos e extorsão em que foi esclarecida a autoria dos crimes, chega-se ao patamar de 4%. Ou seja, nesse período de análise, de cada cem roubos e extorsões registrados pela polícia na cidade de São Paulo, em apenas quatro houve esclarecimento do crime. Essa taxa de esclarecimento é inferior àquela verificada no crime de homicídio (Gráf. 21).

A MOROSIDADE DA JUSTIÇA

A justiça criminal brasileira é muito lenta. A principal evidência disso é o tempo que o crime de homicídio demora para ser processado e julgado. De acordo com o Código de Processo Penal, a partir da Lei 11.689/08, em regra geral, o tempo máximo previsto para tal processamento seria de 315 dias, sendo:

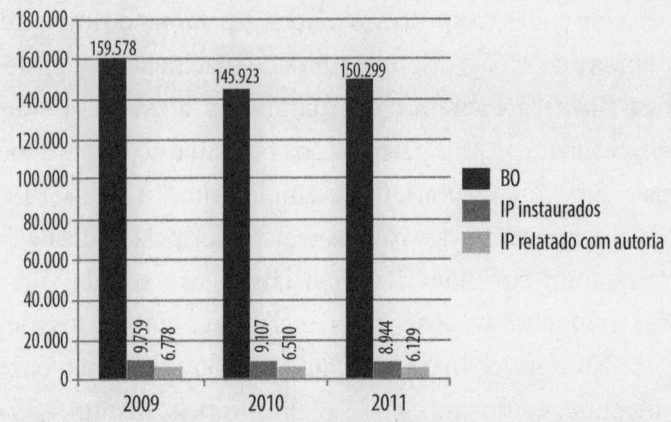

GRÁFICO 21. Relação entre crimes registrados e crimes investigados pela polícia – crimes de roubo e extorsão. Município de São Paulo.
Fonte: Instituto Sou da Paz.

a) 30 dias para o inquérito policial;
b) 15 dias para o oferecimento da denúncia;
c) 90 dias para o encerramento da primeira fase da instrução; e
d) 180 dias para o encerramento da fase do júri.

Em suma, o homicídio deveria ter seu julgamento em pouco menos de um ano, contados a partir da data da ocorrência do crime.

Pesquisas recentes realizadas no Brasil mostram, entretanto, que raramente esse prazo é cumprido. Em Belo Horizonte, segundo pesquisa realizada pela Fundação João Pinheiro, os homicídios ocorridos entre 1985 e 2003 e que foram esclarecidos pela polícia demoraram, em média, 1.485 dias para chegarem ao último estágio processual, o julgamento pelo tribunal do júri. E em caso de recurso da sentença, o desfecho deu-se em 1.840 dias. Isso significa que foram necessários cinco anos para que a justiça chegasse ao veredito final sobre o homicídio.

O tempo médio de duração do inquérito policial girou em torno de 300 dias e outros 100 dias se passaram até que o Ministério Público oferecesse a denúncia do réu. O Judiciário demorou mais de 500 dias, ou aproximadamente um ano e meio, para pronunciá-lo. Outros dois anos e alguns meses se passaram até que a audiência de júri acontecesse. Esse estudo confirma que o tempo gasto na fase processual é quatro vezes maior do que aquele destinado à investigação policial.

Outra pesquisa sobre o tempo de processamento de homicídios foi realizada por Ludmila Ribeiro nas varas do Tribunal do Júri na cidade do Rio de Janeiro, compreendendo o período de 2000 a 2007. O tempo médio decorrido entre a data do homicídio e a data da sentença pelo Tribunal do Júri foi de 707 dias, abaixo dos padrões de Belo Horizonte, mas ainda acima do tempo previsto pelo Código de Processo Penal. Nos casos em que não houve a prisão em fragrante do acusado pelo homicídio, a morosidade da justiça fica mais explícita, atingindo a média de 1.193 dias de processamento.

Ambas as pesquisas concluem que as variáveis que contribuem para a morosidade no processamento dos crimes de homicídio no Brasil estão principalmente na fase judicial. Dizem respeito à excessiva burocratização dos procedimentos judiciais e aos inúmeros recursos para os tribunais superiores. O excesso de prazo decorrente da requisição de laudos e de perícias que podem ser utilizados pelo juiz para fundamentar sua decisão ou que podem ser solicitados por ele atrasa ainda mais o fluxo processual.

A PRECARIEDADE DO SISTEMA PRISIONAL

A superlotação do sistema prisional também deve ser contemplada como dimensão da impunidade. A população prisional do Brasil ultrapassa o contingente de 540 mil presos, ao passo que o número de vagas não chega a 300 mil. Essa realidade afeta a capacidade do poder público de garantir aos presos o tratamento digno previsto na Lei de Execução Penal, diminuindo as possibilidades de reintegração social e, consequentemente, ampliando as chances da reincidência criminal.

A ociosidade dos presos é preponderante nas unidades prisionais do país: apenas 20% dos detentos exercem atividades de laborterapia. Os presos que estão estudando no sistema, por sua vez, não alcançam 10%. Não bastasse isso, o país ainda padece de contingente expressivo de presos provisórios que, em dezembro de 2013, segundo dados do Departamento Penitenciário Nacional – Depen, superavam 40% do total de presos do país. Como corolário dessa triste realidade, pouco mais de 30 mil presos permanecem custodiados em delegacias de polícia, constituindo fragrante violação da Lei de Execução Penal.

Esse diagnóstico tem suscitado equívocos no debate público sobre prisões no Brasil. É recorrente a expressão "a prisão está falida", de modo que há cada vez mais defensores da "descarcerização", que significa restringir a aplicação da pena de prisão na sociedade brasileira, o que é grave erro. As prisões estão falidas porque não são prisões, porque são masmorras.

Ouvimos com frequência que a reincidência criminal é altíssima. Porém, não sabemos quantos egressos do sistema prisional voltam a cometer crimes. Não há pesquisas rigorosas, no Brasil, sobre o tema. Temos apenas noções imprecisas. Comparações internacionais frequentemente utilizam dados absolutos e não levam em consideração as demais características dos países comparados, começando pelo tamanho. Quem afirma que o Brasil é o terceiro ou quarto país que mais aprisiona no mundo ignora que o Brasil é grande. Se considerarmos a taxa padrão de aprisionamento, o Brasil tem 274 presos por 100 mil habitantes, o que o coloca entre o 45º e o 50º lugar, dependendo da fonte. Além disso, comparar as taxas de aprisionamento de países violentos com as de países não violentos é um exercício fútil, que se transforma numa prescrição perigosa quando se propõe que o Brasil tenha a taxa de encarceramento semelhante à dos países não violentos, sem correção para o nível de criminalidade e de violência. Sem crimes, não há necessidade de prisões.

Negar *a priori* o efeito da prisão sobre a incidência da criminalidade é outra postura equivocada. Muitos dados, referentes a vários países, mostram um "efeito de incapacitação" da pena de prisão, que é a redução da execução de crimes durante a prisão. As pesquisas variam na amplitude desse efeito, mas não na sua existência. O encarceramento de criminosos contumazes, particularmente os violentos, reduz muito a incidência de diversos crimes, porque uma alta percentagem dos crimes é cometida por minoria dos criminosos.

A FROUXA ARTICULAÇÃO DO SISTEMA DE SEGURANÇA PÚBLICA

A impunidade na sociedade brasileira pode ser atribuída também à frouxa articulação das organizações que compõem o sistema de segurança pública, a saber, Polícia Federal, Polícia Rodoviária Federal, Polícia Militar, Polícia Civil, Ministério Público, Defensoria Pública, Judiciário e prisões. Ao contrário do previsto no arcabouço institucional, esse sistema não tem se pautado no cotidiano pela troca de informações, pelo planejamento integrado e pela cooperação sistemática. Conflitos de interesses são recorrentes, como também o isolamento institucional. A perspectiva corporativista tem orientado o funcionamento dessas organizações, o que afeta a capacidade do Estado em impor custos efetivos ao crime violento. O Estado desarticulado favorece a criminalidade.

A principal fonte de desarticulação é a separação do trabalho policial em duas organizações distintas, a Polícia Militar, que realiza o policiamento ostensivo, e a Polícia Civil, que realiza o trabalho investigativo. Na maioria das democracias contemporâneas, as atividades ostensiva e investigativa são realizadas pela mesma polícia, independentemente de quantas existam na mesma sociedade. É o que se denomina de ciclo completo de polícia. No Brasil isso não existe.

Essa singularidade do subsistema policial brasileiro provoca a emergência de inúmeros focos de disjunção no trabalho policial. É o caso, por exemplo, da ausência de mecanismos integrados e articulados de planejamento das intervenções públicas na área. A divisão de trabalho entre as polícias concentra no âmbito ostensivo as tarefas envolvidas no combate à criminalidade, que se resumem a planos de distribuição dos recursos humanos e materiais das polícias militares. A investigação policial e eventual identificação e detenção de criminosos ocorrem em momento distinto e obedecem somente à lógica de elaboração de documento a ser entregue às instâncias judiciais.

Ressalte-se ainda que cada uma dessas organizações policiais dispõe de um sistema próprio de comunicações e informações, raramente dialogando entre si. O registro oficial da incidência criminal tem duas fontes distintas, caracterizadas pela duplicidade e incoerência dos dados. O diagnóstico espaçotemporal da criminalidade na sociedade brasileira não dispõe, assim, de uma base de dados consensualmente estabelecida, o que suscita frequentes divergências e conflitos no provimento da segurança pública enquanto bem coletivo.

O desenho institucional da segurança pública no Brasil, em suma, provocou a emergência e consolidação de organizações policiais que, a despeito do caráter complementar de suas atividades, são culturas distintas, com definições particulares do interesse coletivo e que, além disso, têm suas relações caracterizadas pelo conflito e pela competição crônicos.

A INEFICIÊNCIA NA GESTÃO DAS POLÍTICAS DE SEGURANÇA PÚBLICA

O gerenciamento de crises é recorrente nas políticas de segurança pública na sociedade brasileira. A ausência de uma racionalidade gerencial sistemática é fator decisivo na ineficiência e na ineficácia da atuação governamental no controle da criminalidade.

A intervenção pública nessa área tem sido moldada pela improvisação e por postura meramente reativa. Planejamento estratégico e gasto eficiente dos recursos financeiros não são procedimentos usuais nas ações de controle da criminalidade, em especial nos executivos estaduais. Além disso, monitoramento e avaliação de resultados tampouco foram incorporados como ferramentas de gestão.

As políticas de segurança pública no Brasil, em regra geral, são pautadas por intervenções governamentais espasmódicas, direcionadas à solução imediata de crises periódicas que assolam a ordem pública. Qualquer evento na dinâmica do crime ou do aparato policial e justiça criminal pode suscitar reações críticas da opinião pública e da mídia, pressionando para obter respostas imediatas das autoridades do Estado. O risco de crise midiática existe quando um crime violento provoca clamor popular, quando há denúncia pública de arbitrariedades e de corrupção policial, e quando há desafios explícitos às instituições estatais por parte de grupos criminosos organizados em moldes empresariais. O setor vive de crise em crise.

A cobertura do crime por jornais, televisões e rádios, tem papel decisivo tanto na eclosão das crises da ordem pública quanto na elaboração de prioridades nas reformas legais, institucionais e organizacionais. A imprensa pauta, em boa medida, a ação das polícias e das secretarias estaduais de segurança pública.

As respostas às costumeiras crises do setor são de cunho eminentemente repressivo. Envolvem operações policiais de grande porte em territórios urbanos onde o tráfico de drogas prolifera, anúncios de compra de novas viaturas e armamentos para as polícias e divulgação de prisões, com a "apresentação" de criminosos. Reformas legislativas emergenciais do Código Penal também se enquadram nessa perspectiva reativa. São "legislações do medo", que não diminuem a criminalidade.

BAIXA SEVERIDADE DA LEI PENAL

É comum o argumento de que o aumento do rigor da pena não reduz a incidência da criminalidade. São muitos os argumentos e poucos os dados. A lei dos crimes hediondos, promulgada em 1990, é exemplo nesse sentido. Essa lei estabelece que alguns crimes devem receber tratamento mais severo pela justiça, como os de tortura, tráfico de drogas, latrocínio e homicídio. Após a condenação, os envolvidos não têm o direito à fiança e à progressão do regime fechado para o semiaberto, que só será possível após o cumprimento de dois quintos da pena, se o réu for primário, e de três quintos, se reincidente. Os crimes violentos continuaram a proliferar no Brasil a despeito da lei dos crimes hediondos.

Essa lei retarda a progressão de regime dos indivíduos condenados nos crimes incluídos nela. A penalização dos criminosos não foi alterada, especialmente no crime de homicídio. Há décadas o crime de homicídio no Brasil implica pena de reclusão de seis a 20 anos. Se o homicídio for qualificado, a reclusão será de 12 a 30 anos.

Não são penalizações severas, se considerarmos que a progressão de regime permite que o homicida volte ao convívio social em tempo muito curto. No caso de um homicídio simples, se o indivíduo é condenado a 15 anos de prisão, sendo primário, ele sai do regime fechado após seis anos, podendo trabalhar fora da prisão. Poucos anos depois ele já está no regime aberto, voltando à prisão apenas para dormir. O preso no regime aberto se encontra praticamente reinserido no convívio social, passando mais tempo fora do que dentro da prisão, aumentando o risco de reincidência.

Mesmo se considerarmos a penalização mais severa para o homicídio, 30 anos de reclusão, e sendo ele reincidente, o retorno do criminoso ao convívio social ocorrerá a partir de 18 anos de cumprimento da pena. Esses são casos de homicídios que envolvem crueldade e motivos fúteis.

O caráter retributivo da pena não pode ser ignorado. Ele é complementado pelo ideal da ressocialização do criminoso. Punir os homicidas com a *devida* severidade é fundamental para institucionalizar uma cultura de paz no Brasil. Porém, o custo de assassinar é muito baixo no Brasil, mesmo quando o culpado é identificado, indiciado, julgado, condenado e preso, uma raridade. Esse fato contribui para a disseminação da violência. Os impulsos agressivos dos indivíduos encontram um contexto favorável, em que a punição é relativamente branda. A despeito de ter tirado a vida de um ser humano, o homicida poderá reconstituir sua vida pessoal e profissional em no máximo 20 anos. O morto, não. Numa sociedade na qual a esperança média de vida ao nascer já atinge 73 anos, esse tempo de aprisionamento é um custo relativo muito menor do que há algumas décadas.

A impunidade no Brasil é reforçada pelo Estatuto da Criança e do Adolescente (ECA), em sua forma atual, que prescreve o tempo máximo de três anos de internação para o adolescente que comete homicídio. O ECA e seus componentes, particularmente a idade mínima penal, são uma clivagem política e ideológica entre a maioria da população, inclusive da população pobre, e uma parte considerável da intelectualidade brasileira, sobretudo a de esquerda. A população não concorda com vários dispositivos do ECA, começando pela maioridade penal. Em abril de 2013, 93% dos paulistanos defendiam sua redução; para 45% a idade mínima deveria ficar entre 16 e 17 anos (atualmente são 18) e um terço achava que infratores adolescentes entre 13 e 15 anos deveriam ser presos como adultos. É uma postura nacional: uma pesquisa do Senado realizada em 2012 revela que 89% da população é pela redução da maioridade penal, especialmente para as infrações violentas.

Outro agravante é o enfraquecimento do Estatuto do Desarmamento, promulgado em 2003. Este previa a impossibilidade de fiança e de concessão de liberdade provisória para os crimes de porte ilegal de arma de fogo de uso permitido e porte ilegal de arma de fogo de uso restrito. Entretanto, o Supremo Tribunal Federal considerou que tais dispositivos são inconstitucionais, em acórdão de 2007. Na prática isso significa que o indivíduo preso em fragrante por porte ilegal de arma de fogo pode conseguir a liberdade provisória rapidamente.

A penalidade para esses crimes é branda, especialmente o porte ilegal de arma de fogo de uso permitido; no máximo quatro anos de reclusão. E o indivíduo pode ter sua pena privativa de liberdade transformada em pena alternativa.

Em outras palavras, o custo de portar ilegalmente arma de fogo no Brasil é muito baixo. O número de homicídios responde à legislação penal e sua relação com o Estatuto do Desarmamento não é exceção. Seguia uma tendência retilinear ao aumento, tendência invertida a partir de 2003 e que voltou a crescer posteriormente, ainda que esteja num patamar consideravelmente inferior ao da projeção linear baseada no período de 1980 a 2002.

CONCLUINDO...

A análise empreendida neste capítulo descreveu a fragilidade do Estado de Direito na sociedade brasileira. Tanto a severidade quanto a certeza da punição são fundamentais para o controle da criminalidade violenta. À medida que as instituições estatais responsáveis pela garantia da segurança pública mostram-se fracas e ineficientes, o recurso à força física para resolução de conflitos e a imposição de interesses pessoais tendem a se disseminar. A sociabilidade violenta, conforme define Luiz Antônio Machado, passa a ocupar espaço relevante nas relações sociais cotidianas.

O Estado de Direito em nenhum momento da história brasileira obteve o monopólio efetivo da violência. A sociabilidade violenta é traço marcante da história do Brasil, incorporando tanto a relação Estado/sociedade quanto as relações entre os indivíduos na sociedade.

Usamos a análise do sociólogo alemão Norbert Elias, que desenvolveu o conceito de processo civilizador, a progressiva redução da violência na sociedade ocidental, que manteve estreita relação com a monopolização da força física e estabilização dos órgãos centrais da sociedade. É no bojo da constituição do Estado de Direito que a violência vai perdendo espaço na sociabilidade cotidiana do mundo ocidental, permitindo a restrição progressiva de seu uso por parte dos indivíduos, concentrando-a como prerrogativa exclusiva de certas organizações do aparato estatal.

Essa dinâmica histórica ocorreu de forma satisfatória em muitos países, mas [ainda] não no Brasil. O processo civilizador na sociedade brasileira ainda está por acontecer. E a persistente impunidade é um dos obstáculos nesse sentido. Contudo, o uso abusivo da violência por parte dos agentes do Estado é um importante complicador. A violência, letal e não letal, da ação policial no Brasil é muito elevada. Há um excesso de mortes nas ações operacionais da polícia, ainda que com importantes variações entre as unidades da federação. Segundo levantamento do Fórum Brasileiro de Segurança Pública, somente em 2012 cerca de 1.890 pessoas foram mortas pela ação de policiais militares e civis em situações de confronto em todo o país. Em termos comparativos, a letalidade da polícia brasileira é cinco vezes superior à norte-americana. O Estado que mata extrajudicialmente é o mesmo que padece da fraqueza para punir o crime. São faces da mesma moeda.

Em suma, a impunidade constitui um inequívoco fator que, somado à consolidação do tráfico de drogas em décadas recentes, contribui diretamente para manter a criminalidade violenta na sociedade brasileira em níveis inaceitáveis.

6

É possível reduzir a violência

Os CONHECIMENTOS QUE trouxemos à baila nos capítulos anteriores, e outros mais pontuais que não estão elaborados em uma teoria, podem ser transformados em políticas públicas que salvam vidas. Vertentes cujas origens são tratadas em muitas disciplinas (Sociologia, Psicologia, Economia e várias outras) se juntam em políticas públicas desenhadas para controlar o crime e a violência. Quando um governo recruta os que possuem esses conhecimentos e gestores que os colocam em prática, nasce um programa. Quando governos sucessivos usam esses subsídios para continuar e aperfeiçoar esses programas, eles passam a ser políticas de Estado.

O controle do crime é exemplo típico de governança, o que implica reconhecer a necessidade constante de articulação de esforços entre organizações variadas. Insere-se nessa dinâmica a articulação entre as esferas de governo municipal, estadual e federal. Também não se deve desconsiderar a participação da sociedade civil.

É plenamente factível, através da implementação de projetos e programas pelo poder público, a obtenção de quedas expressivas na incidência de homicídios e outros crimes violentos.

Setores relevantes do mundo político e acadêmico divergem dessa ideia. Partem da premissa de que não há governabilidade sobre a dinâmica dos crimes, de modo que as alterações do fenômeno no tempo e no espaço seriam afetadas apenas por variáveis culturais, demográficas e econômicas. Haveria pouco ou nenhum espaço para que a ação voluntária e intencional da política pública altere a dinâmica do crime, supostamente determinado por fatores estruturais.

Na verdade, ainda persiste nas representações desses segmentos a crença de que apenas reformas profundas na estrutura social brasileira seriam capazes de viabilizar uma sociedade menos violenta. É a velha e equivocada dicotomia entre políticas sociais e políticas de segurança: as primeiras lidam com as causas do crime e as segundas se restringem às consequências.

Essa dicotomia reaparece no debate: o que é melhor, reprimir ou prevenir a criminalidade? Colocam-se em lados opostos dois vetores de política pública que, na verdade, deveriam ser concebidos como complementares. As políticas repressivas caracterizam-se pela ênfase no combate à impunidade, privilegiando ações que acentuam a capacidade repressiva e dissuasória do aparato de segurança pública e justiça criminal. As políticas preventivas, por seu turno, deslocam o foco para a etiologia do crime ou mesmo para seus fatores de risco e contexto de oportunidades.

Nesse ponto é relevante superar a concepção de política de prevenção social da criminalidade, que se pauta pelo somatório de projetos e programas sociais convencionais nas áreas de saneamento básico, educação, saúde, assistência social e emprego. Prevenir o crime envolve a implementação de ações que interferem em seu contexto de oportunidades, como também em seus fatores de risco. Nesse sentido, ações que diminuam a disponibilidade de alvos atrativos a criminosos ou mesmo que acentuem a vigilância comunitária sobre tais alvos, que alterem a conformação de espaços urbanos propícios às manifestações de desordem social, que criem oportunidades de inserção social de jovens em situação de vulnerabilidade social através da música, da dança e do esporte, que reduzam a disponibilidade das armas de fogo, são exemplos concretos de prevenção do crime. Consideram-se, portanto, as dimensões social e situacional como componentes de uma política de prevenção.

O pretenso antagonismo entre prevenção e repressão constitui um sério obstáculo à eficácia e à eficiência das políticas de controle da criminalidade. O debate, inclusive, está contaminado de conotação ideológica, atrelando-se as políticas repressivas ao ideário da direita, ao passo que as políticas preventivas seriam a expressão das posições políticas da esquerda. E quando é percebido nesses termos, o diálogo torna-se ainda mais difícil, separando ainda mais o que poderia ser articulado. À medida que prevenção e repressão são concebidas como polos opostos e excludentes, reduz-se a capacidade do Estado em prover segurança com efetividade.

A boa governança da segurança pública exige que a ação governamental abarque as várias dimensões do comportamento criminoso. A atuação deficiente da polícia, da justiça e da prisão, a ausência de uma gestão profissional das informações e da inteligência policial, a desarticulação do sistema de segurança pública e justiça criminal contribuem para a disseminação da violência, não há como negar. Por outro lado, o recrutamento de jovens das periferias urbanas pelo tráfico de drogas, a deterioração de espaços urbanos, a disseminação de armas de fogo impactam também o fenômeno. O desafio que se impõe às autoridades brasileiras, nas esferas de governo municipal, estadual e federal, é o enfrentamento simultâneo de ambas as dimensões.

E experiências internacionais e mesmo nacionais revelam que não se trata de uma utopia. É possível reduzir a violência urbana mediante a implementação de política de segurança pública que combine o aprimoramento do aparato repressivo do Estado e o investimento na prevenção social.

A seguir, descreveremos alguns desses programas e seus resultados.

O EXEMPLO DE BOGOTÁ

Bogotá, capital da Colômbia, era sinônimo de violência; no Brasil, era confundida com Cali e Medellín, sedes de importantes cartéis da droga. Era uma cidade violenta. Mas, graças a políticas públicas adequadas, sua taxa de mortalidade por homicídios por 100 mil habitantes passou de perto de 80 em 1993 a 23 em 2003, um decréscimo fantástico em dez anos. O declínio continuou na década seguinte, ainda que em ritmo mais lento, e, em 2012, a taxa estava em 17 (Gráf. 22).

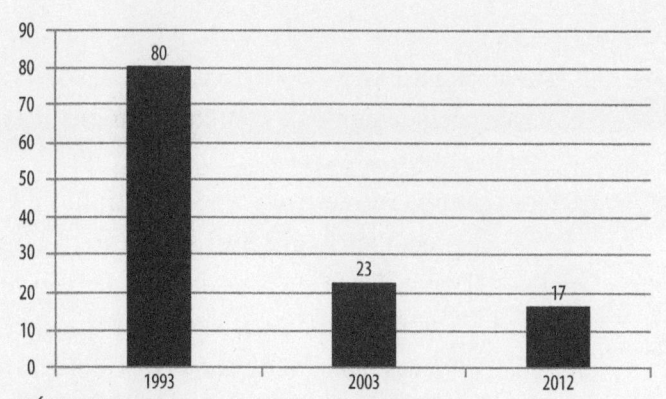

GRÁFICO 22. Taxa de homicídios em Bogotá, 1993 a 2012.
Fonte: Instituto Nacional de Medicina Legal y Ciencias Forenses; Departamento Administrativo Nacional de Estadísticas.

A que se deve o êxito de Bogotá? Segundo Hugo Acero, talvez o principal analista assessor do prefeito Antanas Mockus, há muitas medidas, várias delas relacionadas à organização da prevenção e da repressão ao crime:

- A segurança pública ficou sob o comando direto do prefeito. Muitas autoridades da segurança, da polícia, da justiça e administrativas participaram ativamente do programa, mas o prefeito assumiu a liderança dos projetos. A proteção da vida recebeu a mais alta prioridade e os bloqueios e sabotagens entre instituições, tão comuns na administração pública, desapareceram com as cobranças e inspeções constantes do prefeito;
- Foi criado o *Sistema Unificado de Información de Violencia y Delincuencia* (SUIVD), que juntava informações da Polícia Metropolitana, do Instituto Nacional de Medicina Legal e da *Fiscalia General de la Nación*. A confiabilidade das informações e a sua unificação são um requisito da segurança pública;

- Foi criado o *Plan de Seguridad y Convivencia*, que, segundo os autores, fortaleceu a cultura cidadã, buscou resolver pacificamente os conflitos, sem negligenciar o seu lado "duro", de ações coercitivas contra o crime;
- Foi criada uma infraestrutura administrativa e foram reservados recursos financeiros, humanos e técnicos efetivos. Em 1997 (já no mandato de Peñalosa), foi criada a *Subsecretaría de Convivencia y Seguridad Ciudadana*, dependência da *Secretaría de Gobierno*, para implementar os projetos de segurança cidadã. Não são palavras vazias: essa subsecretaria fortaleceu os organismos locais, municipais ou não, tentou reduzir conflitos, incluindo os familiares. É uma subsecretaria muito importante, especializada em eliminar os conflitos antes que explodam;
- Uma das lacunas da administração pública no Brasil é a avaliação. Todos os projetos em Bogotá eram avaliados para continuar – ou não – existindo. Há centenas de programas inoperantes que seguem adiante, incrementalmente, sem que tragam benefício. A administração pública precisa de avaliações frequentes. Infelizmente, no Brasil, nem nas universidades elas são aceitas. O corporativismo as rejeita;
- Em Bogotá os resultados são avaliados mensalmente pelo *Consejo Distrital de Seguridad*, presidido pelo prefeito, com participação direta de muitas autoridades municipais, estaduais e federais;
- Há também certa descentralização, visível na existência de 20 conselhos locais, que atendem melhor às necessidades específicas do local.

Anteriormente a esse conjunto de medidas, houve um saneamento da polícia. Extinguiu-se a polícia rodoviária, que era notoriamente corrupta e foram despedidos 3.200 policiais, considerados incompetentes e/ou corruptos, permitindo-se seu retorno aos quadros caso aceitassem ser retreinados (muitos aceitaram). O resultado foi uma polícia revitalizada, muito mais competente e muito menos corrupta.

O setor privado participa através do programa "Bogotá Como Vamos", da Câmara de Comércio de Bogotá. O principal jornal do país também participa e uma ONG faz o acompanhamento do plano de segurança. Para tal, realiza pesquisas periódicas de vitimização.

É elementar, mas sempre esquecido: a população tem que participar, ela é parte do problema e da solução. Para isso, há programas de treinamento e capacitação. Como em outros programas exitosos, a polícia trabalha com a população e não contra ela, treinando líderes comunitários.

O desarmamento deu certo, mas poderia ter ido muito além: foram entregues mais de duas mil armas numa campanha voluntária, da qual participaram a Igreja e a Prefeitura. Infelizmente, o Ministério da Defesa remou contra.

O controle do consumo de bebidas alcoólicas foi uma das medidas mais comentadas e que sofreram resistência, a despeito de ser de eficiência provada em vários lugares e países diferentes. O horário de funcionamento de locais de venda ao público ficou limitado: fechavam a uma da manhã. Foi semelhante ao que fizeram Diadema e vários municípios paulistas, com grande êxito. Os menores de idade foram retirados das ruas às 23h, a menos que estivessem acompanhados por seus responsáveis. Como o crime é jovem, essa medida surtiu efeito.

O uso de instrumentos de comunicação com o público (palhaços representando os delitos no trânsito, como avançar o sinal e a faixa de pedestres) e a distribuição de 350 mil cartões grandes indicando aprovação ou desaprovação do motorista, assim como a distribuição de cartilhas e guias cívicos, aumentaram em muito a participação popular. Um avaliador independente, Francisco Gutiérrez, enfatizou a aliança entre o governo e a mídia, com benefício para a aprovação popular das medidas. Note-se que essas campanhas são pontuais, específicas, dirigidas a essa ou aquela medida e não ao apoio ao governo.

Uma das campanhas tinha como objeto os fogos de artifício, cujo uso é uma tradição colombiana. Todos os Natais, mais de duzentas pessoas se queimavam e algumas faleciam. O número foi reduzido a um terço.

O programa de Bogotá também foi parcialmente orientado pela teoria das *broken windows*. Houve a preocupação em recuperar espaços públicos que haviam sido invadidos e em combater a aparência de abandono. O sistema de transporte foi radicalmente alterado e um sistema de ônibus BRT melhorou o transporte coletivo através da criação de uma empresa chamada Transmilênio.

O governo usou pesquisas para avaliar o progresso da cultura cidadã e a recepção das medidas públicas. Entre 2001 e 2003, cresceu muito a percentagem da população que apoiava a aplicação das leis, reduzindo-se a percentagem que apoiava a justiça pelas próprias mãos. A percentagem de acordo com "andar armado para autoproteção" caiu de 25% para 10%.

As políticas que começaram com Mockus se transformaram em políticas de Estado. Peñalosa, que o sucedeu na Prefeitura, as manteve. Mockus foi eleito mais uma vez e as medidas foram mantidas e aperfeiçoadas. A preocupação com a violência se manteve, a população percebeu que a violência poderia ser mais baixa e passou a cobrar níveis mais aceitáveis, a cobrar resultados.

O TOLERÂNCIA ZERO

Nova York foi o palco de um dos programas mais divulgados de combate ao crime, o "Tolerância Zero". Com êxito estrondoso, o número anual de homicídios foi drasticamente reduzido, de 2.245, em 1990, a 606, em 1998. Os crimes no metrô foram reduzidos em 80% e outros crimes, como estupro, assalto e furto ou roubo de veículos também tiveram redução significativa. Um crítico do programa publicou dados que confirmam esse sucesso: os homicídios declinaram 72% entre 1990 e 1998 e os crimes violentos, no total, declinaram 51%. Esses números, aliados ao seu rápido uso como propaganda política da direita, favorável a medidas duras, geraram uma divulgação, às vezes muito distorcida, do seu conteúdo e das noções teóricas que alicerçaram o Tolerância Zero. Os fundamentos teóricos do programa foram lançados num célebre artigo de Wilson e Kelling, publicado em 1982. Uma figura importante na história do Tolerância Zero foi o chefe de polícia Bill Bratton, que comandou a polícia seguindo as diretrizes teóricas das *broken windows*. O sucesso de Nova York não se deveu apenas à repressão aos pequenos delitos. Muito mais foi realizado.

É fato que outras grandes cidades norte-americanas também apresentaram quedas expressivas na criminalidade violenta, mas nada que se equipare ao que se verificou em Nova York. Estudiosos daquele país têm constatado que a violência urbana arrefeceu nos Estados Unidos como um todo desde 1993, prolongando-se até anos recentes. Fatores diversos são elencados para explicar o fenômeno, destacando-se:

a) O prolongado período de crescimento econômico na década de 1990 e início dos anos 2000, ampliando-se o acesso ao mercado de trabalho;
b) A redução da proporção de jovens na composição demográfica da população;
c) O crescimento do encarceramento de criminosos contumazes;
d) Mudanças na atuação das polícias que as tornaram mais eficientes na repressão ao crime;
e) Diminuição significativa do comércio e do consumo do crack.

Nova York se beneficiou de todas essas mudanças, mas algo especial aconteceu na cidade para explicar redução tão drástica dos crimes violentos. E o principal fator apontado por estudiosos é o ineditismo da gestão da polícia. Houve incremento tanto na quantidade de policiais quanto na qualidade do emprego, avaliação e gerenciamento desses policiais. A estratégia de manutenção da ordem, qualificada de "tolerância zero", não constitui a principal virtude da política pública adotada.

A gestão do fluxo de informações criminais e do planejamento operacional da polícia, por outro lado, qualificou o caso de Nova York. A adoção do programa Compstat não teve precedentes nos Estados Unidos e mesmo no mundo. A distribuição dos recursos humanos e materiais da polícia seguiu parâmetros e procedimentos da gestão por resultados, mediante mapeamento das zonas quentes de criminalidade (*hot spots*) e estabelecimento de metas de redução de crimes que passaram a ser monitoradas com frequência. Privilegiou-se um modelo de atuação policial proativa e preventiva, o que aumentou a eficiência e a eficácia no controle dos homicídios. A doutrina da tolerância zero foi apenas complemento nessa verdadeira reengenharia da gestão policial.

O BOM EXEMPLO DE SÃO PAULO

Desde o final da década de 1990, pode-se identificar a implementação de um projeto sério para a segurança pública no estado de São Paulo. Aprimoramento do setor de inteligência da Polícia Civil, investimento maciço no Departamento de Homicídios, contratação de novos policiais militares, adoção do sistema de georreferenciamento do crime, melhoria substantiva da estrutura logística das polícias, ampliação do número de vagas no sistema prisional, estabelecimento de parcerias com entidades da sociedade civil para o desenvolvimento de projetos de prevenção social da violência foram algumas das ações governamentais que geraram projetos cuja gestão teve continuidade por nove anos. Não é casual, portanto, que entre 2001 e 2010 a taxa de homicídios no estado tenha se reduzido em mais de 65% (Gráf. 23).

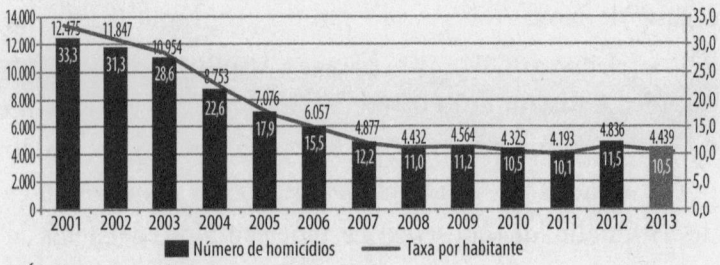

GRÁFICO 23. Homicídios ano a ano, 2001 a 2013.
Fonte: Datasus. Ministério da Saúde.

Tulio Kahn, um dos mais argutos observadores das políticas de segurança pública de São Paulo, enumerou uma ampla série de medidas tomadas que se relacionam, sobremaneira, com a gestão policial:

- A criação do Infocrim, para georreferenciamento das ocorrências criminais (1999), expandido para toda a região metropolitana, Santos, Campinas e todos os municípios-sede de departamento;
- A criação do Fotocrim, com o cadastro de mais de 300 mil criminosos procurados, cumprindo pena ou presos em flagrante (1999);
- A adoção do método Giraldi de tiro defensivo, usado para controlar o uso excessivo da força (1999);
- A criação do Disque-Denúncia para receber da população informações sobre crimes e criminosos (2000);
- A criação da rede Intragov, que implantou *links* para comunicação entre todas as companhias da PM no estado, bem como em unidades da Polícia Civil (2000);
- A criação da Delegacia Eletrônica para facilitar a notificação de crimes pela população, como furto de veículos, documentos e celulares (2000);

- A criação das delegacias participativas, para melhorar o atendimento e a eficiência investigativa (2000);
- O Plano de Combate aos Homicídios do DHPP, com ênfase na captura de homicidas contumazes (2001);
- O Copom *on-line* para análise em tempo real dos chamados ao 190 (2001);
- As desativações das carceragens policiais na capital, liberando policiais para o trabalho de investigação (2001 em diante);
- O programa Bem-me-quer para atendimento de mulheres vítimas de violência sexual (2001);
- A compatibilização territorial das áreas de atuação das polícias civil e militar;
- A elaboração dos POPs (Procedimentos Operacionais Padrão) para uniformizar o atendimento de diversos tipos de situação pela Polícia Militar;
- A contratação dos soldados temporários e a liberação do efetivo que fazia guarda nas muralhas dos presídios;
- A integração dos cursos superiores de polícia para promoção aos cargos de delegado de 1ª classe ou coronel;
- A criação do Dipol e seu programa de escutas Guardião (2003);
- O sistema ômega de investigação, permitindo o cruzamento e visualização de relacionamentos entre criminosos, ocorrências, telefones, contas bancárias etc. (2004);
- A versão 3.0 corporativa do SIOPM para o despacho de viaturas, em funcionamento nas 55 maiores cidades do estado e que permite o armazenamento de informações

sobre pessoas, armas e veículos e gera estatísticas para o planejamento do policiamento ostensivo (2004);
- As bases comunitárias móveis, complementando as antigas bases fixas e postos policiais;
- A reestruturação e criação de novos comandos e departamentos policiais no interior, como os Deinters/CPI 8 e 9 (2005);
- O programa de policiamento com motocicletas nos principais corredores Roca (2005), dando mobilidade e prevenindo crimes contra o patrimônio;
- O Observatório de Boas Práticas Policiais, coletando e disseminando experiências bem-sucedidas de prevenção ao crime (2005);
- As operações Saturação, conduzidas pelo BPchoque em áreas controladas pelo tráfico (2006);
- As pesquisas de vitimização para estimar as taxas reais de criminalidade na RMSP (2006);
- O projeto Fênix de identificação de suspeitos, inclusive pela voz (2006);
- A criação formal da Coordenadoria dos Conselhos Comunitários de Segurança, mais de 800 em todo o estado, em funcionamento desde 1983 (2006);
- O Sistema de Mapeamento de Suspeitos, que usa o conceito de perfil geográfico para definir a provável área de residência de um suspeito (2007);
- A digitalização dos sistemas de comunicação, evitando que os criminosos ouçam a transmissão nos rádios policiais e permitindo a transmissão de dados, voz e imagens (2007).

A despeito do aspecto meritório do que vem sendo realizado, é preciso reconhecer que a expressiva redução das taxas de homicídios no estado de São Paulo não pode ser explicada exclusivamente pela política pública adotada pelo governo estadual. Há estudos realizados por Gabriel Feltran, por exemplo, que revelam importantes mudanças na estrutura do tráfico de drogas nas periferias da cidade de São Paulo a partir dos anos 2000. O Primeiro Comando da Capital (PCC) conseguiu dominar o varejo do tráfico, impondo-se aos patrões das bocas, ou biqueiras, como são denominadas pelos paulistas. Isso implicou a quase monopolização do comércio das drogas ilícitas por uma organização criminosa.

E essa organização impôs procedimentos próprios de resolução de conflitos nas periferias paulistas, caracterizando uma justiça paralela ao Estado de Direito. Uma das regras impostas pelo PCC foi a proibição de matar por motivos fúteis. Além disso, quaisquer acertos de contas entre traficantes e entre estes e seus clientes foram submetidos a julgamentos informais comandados por membros do PCC. São os tribunais do crime. Na prática isso implicou a redução dos homicídios entre jovens que participavam do tráfico de drogas. Não é possível quantificar, até o momento, a participação percentual desse fenômeno na redução da incidência de homicídios no estado de São Paulo. A despeito disso, ele não pode ser ignorado.

O CASO DE MINAS GERAIS

O agravamento dos indicadores de criminalidade violenta em Minas Gerais ocorreu a partir da segunda metade da década de 1990. Entre 1996 e 2003, a taxa de crimes violentos – homicídios, tentativas de homicídio, estupros, roubos, latrocínios e sequestros – cresceu 270%. A partir de 2003, no governo Aécio Neves, foi implementada uma política pública de âmbito estadual, que incluiu a criação da Secretaria de Estado de Defesa Social. Coube a essa Secretaria a coordenação das ações operacionais das polícias militar e civil, do Corpo de Bombeiros, do sistema prisional e do sistema socioeducativo. Além disso, foi inserida em sua estrutura organizacional a coordenação de prevenção social da criminalidade, responsável pela implementação de projetos nesse segmento.

O eixo principal da política de segurança pública de Minas Gerais foi o programa de integração das polícias civil e militar, que se tornou referência para outros estados. O programa envolveu a integração do registro das ocorrências criminais (projeto Reds), das áreas de atuação (projeto Aisp), das corregedorias (projeto Sicods), do ensino (projeto TPI), do planejamento operacional (projeto Igesp).

Foram implementados diversos projetos de prevenção social da criminalidade, como o Fica Vivo, o Mediação de Conflitos e o Acompanhamento de Penas Alternativas, caracterizados pela focalização territorial e do público-alvo, concentrando-se nas áreas urbanas com maiores taxas de homicídios.

A questão prisional mereceu atenção especial e o número de presos duplicou em oito anos e 15 mil presos foram retirados da custódia da Polícia Civil. Minas Gerais saltou de 24 mil presos em 2003 para cerca de 50 mil em 2010. Esse expressivo aumento foi acompanhado da profissionalização da gestão das unidades prisionais. A guarda penitenciária foi criada, valorizando a carreira do agente penitenciário. Protocolos de ação operacional (POP) foram elaborados e implantados na gestão prisional, garantindo avanços substantivos no atendimento educacional, médico e jurídico dos presos, como também na segurança das prisões.

A política de atendimento ao adolescente infrator também merece destaque pela institucionalização de um modelo de aplicação das medidas socioeducativas que não teve equivalente no país. Centros de internação com capacidade para 80 adolescentes infratores foram construídos em municípios diversos, com estruturas física e técnica adequadas aos preceitos do Estatuto da Criança e do Adolescente.

Os resultados não tardaram a aparecer. A partir de 2004, a trajetória da taxa de crimes violentos em Minas Gerais foi descendente. Entre 2004 e 2010, a queda foi de 53%.

Infelizmente, a partir de 2011 houve reversão ascendente da criminalidade no estado, prolongando-se nos anos seguintes. A explicação mais plausível para esse fato é a descontinuidade da gestão da segurança pública. O que estava sendo feito desde 2003, produzindo os resultados desejados, sofreu sérios abalos. O programa de integração das polícias, por exemplo, perdeu credibilidade entre as respectivas organizações, provocando o reinício dos conflitos entre elas.

Segmento expressivo da Polícia Civil passa a manifestar insatisfação com suposta supremacia política alcançada pela PMMG no processo de integração. Os policiais civis interpretam que a Polícia Militar foi a organização mais beneficiada com a política e que a Polícia Civil foi a mais prejudicada, conforme pesquisa realizada por Luís Flávio Sapori e Scheilla Cardoso.

Essa representação se consolidou em 2010, quando foram aprovadas emendas à Constituição do Estado de Minas Gerais, sendo a primeira delas de reincorporação dos delegados de Polícia às carreiras jurídicas do Executivo Estadual. Meses depois, a segunda emenda concedeu *status* jurídico-militar aos oficiais da PMMG, inovação sem precedentes no sistema policial brasileiro. As representações sindicais da Polícia Civil têm questionado judicialmente a constitucionalidade dessa mudança de *status* dos oficiais da PMMG, sob a alegação de que a atividade de policiamento ostensivo não necessita da obrigatoriedade da formação jurídica (Gráf. 24).

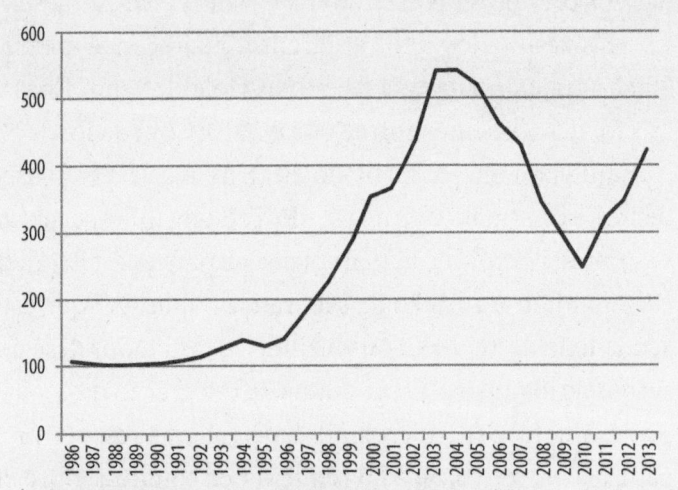

GRÁFICO 24. Taxa de crimes violentos Minas Gerais, 1986 a 2013.
Fonte: Secretaria de Defesa Social de Minas Gerais.

UM ÊXITO MUNICIPAL: DIADEMA

Diadema, em São Paulo, é conhecida devido à dramática redução no número de homicídios de 2002 a 2006: de

325 homicídios no ano caiu para 121. A taxa de homicídios do município declinou auspiciosamente no período de 79,1 para 26,3. Na verdade, a redução começou antes. Já esteve entre os três municípios mais violentos do país; alguns anos depois estava em 190º lugar. Diadema usou programas sociais, georreferenciamento de mortes e cadáveres encontrados, que levaram a focar o programa nas biroscas, botecos e bares, fornecendo o substrato empírico para a "lei seca".

A Prefeitura assumiu a corresponsabilidade pelo estabelecimento de políticas públicas de prevenção à criminalidade no município. E nesse sentido foi criada a Secretaria Municipal de Defesa Social, à qual couberam a elaboração e implementação do Plano Municipal de Segurança, composto de quatro eixos:

1. Melhoria da eficiência das forças de segurança
2. Investimento em políticas públicas de inclusão social e prevenção
3. Incentivo à participação popular
4. Fiscalização focada no cumprimento das medidas de prevenção.

Projetos diversos foram implementados, destacando-se a proatividade assumida pela Guarda Municipal de Diadema.

PERNAMBUCO: A EXCEÇÃO NO NORDESTE

Pernambuco é um dos estados que realizaram esforço organizado e inteligente para reduzir o crime e a violência. Como muitos outros, as várias medidas receberam um nome, "Pacto pela Vida".

Embora esse programa esteja ligado à administração de Eduardo Campos, eleito para o primeiro mandato em 2006, houve progressos anteriores. O pico da violência homicida foi atingido em 1998, ano cuja taxa foi 58,8. Entre 1998 e 2006, as taxas permaneceram relativamente estáveis, na casa dos 50 por 100 mil habitantes, o que representa um progresso porque elas vinham crescendo ano a ano (Gráf. 25)

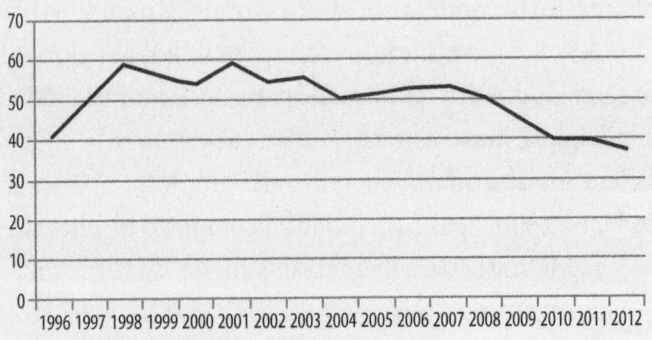

GRÁFICO 25. Taxa de homicídios. Estado de Pernambuco.
Fonte: Datasus. Ministério da Saúde.

Eduardo Campos iniciou seu governo em 2007, mas, como é frequente, foi somente a partir do ano seguinte que as taxas começaram a cair. A taxa de homicídios despencou de 53 por 100 mil habitantes, em 2007, para 37 por 100 mil habitantes em 2012.

O Pacto pela Vida é composto de 90 projetos que incluem desde o fortalecimento do departamento de investigação de homicídios, passando por investimentos maciços no sistema prisional e culminando na implementação de audacioso programa de prevenção social da violência. O programa tem sido implementado com competência, incorporando ferramentas sofisticadas de monitoramento de projetos sociais.

OUTRO CASO EXITOSO: O RIO DE JANEIRO

O estado do Rio de Janeiro é um exemplo interessante de redução da criminalidade violenta. Teve duas administrações que baixaram a taxa de homicídios, mas que usaram estratégias muito diferentes. A primeira foi de mão duríssima, a administração de Marcello Alencar.

Recém-eleito, Sérgio Cabral e o secretário de Segurança Pública, José Mariano Beltrame, investigaram diretamente os casos de políticas de segurança exitosas. Foram, em particular, influenciados pelos programas aplicados em Bogotá e sobretudo em Medellín, que tem muitas semelhanças com o Rio, inclusive os morros e seu domínio pelo narcotráfico e, no caso colombiano, suas relações com a guerrilha. Eram áreas sobre as quais o Estado não tinha controle. Diferente de São Paulo, várias organizações criminosas disputavam o tráfico de drogas e outras atividades ilícitas, gerando uma intensa e violenta disputa, que se refletia no patamar mais elevado das taxas de homicídios. Parte considerável dessas taxas se devia a traficantes matando traficantes.

Há medidas cujos efeitos se fazem sentir em muitas áreas de atividade humana. Melhorar a polícia – através do treinamento, da adoção de tecnologia anticrime moderna, da redução da violência policial, da redução da corrupção policial – e liberar áreas antes sob o controle do crime organizado (no Brasil, usualmente traficantes de drogas e armas) produz redução em muitos crimes e elevação do bem-estar e do sentimento de segurança. É o caso das UPPs, inspiradas no êxito de Medellín. Elas reduziram muitos crimes nas áreas em que foram implantadas e na vizinhança também. Os dados recém-divulgados sugerem que as medidas tomadas afetaram um amplo espectro de crimes, enquanto medidas específicas se concentraram em crimes particulares.

As medidas deram certo e a queda foi geral: comparando-se o primeiro semestre de 2010 com o de 2009, houve 642 homicídios a menos. São 642 vidas salvas por políticas inteligentes. Esses resultados não se devem ao acaso, conforme comprovado por testes estatísticos.

Outro indicador relativamente confiável é o dos roubos de veículos. Passaram de 1.968 a 1.701, uma baixa de 13,6%. No total dos três anos anteriores já tivemos uma baixa considerável e foi em relação a esse total já rebaixado que se computaram os novos ganhos.

O Gráfico 26 mostra as mudanças na incidência de homicídios no estado.

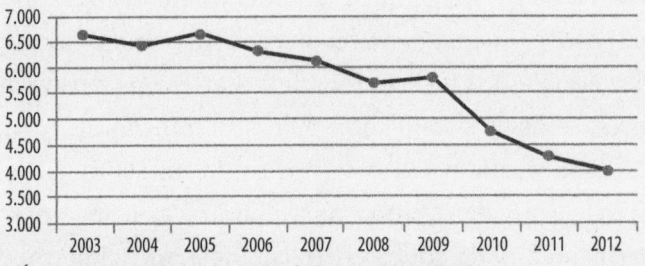

GRÁFICO 26. Homicídios dolosos, Rio de Janeiro, 2003 a 2012.
Fonte: Datasus. Ministério da Saúde.

A estrutura física da área metropolitana e a tendência, por parte do tráfico, ao domínio territorial tornaram necessária a retomada de áreas controladas por ele. Essa retomada, de acordo com o planejamento da SSP, deveria ser seguida pela instalação de unidades permanentes no local, as UPPs, que além das funções policiais deveriam ter funções sociais, segundo uma ótica comunitária da polícia. Tanto a retomada quanto as atividades das UPPs e dos projetos sociais deveriam reduzir o crime e a violência.

Avaliar o impacto das UPPs sobre o crime e a violência é tarefa muito difícil. Os limites administrativos dos dados de diversos tipos não coincidem. Felizmente, Ignácio Cano e sua equipe enfrentaram as dificuldades e deixaram uma avaliação positiva das UPPs. Estas tiveram um impacto positivo sobre as mortes violentas, as taxas de homicídio, mas, infelizmente, como seria de esperar, dada a situação de conflito, também cresceram os autos de resistência.

Um êxito importante é o da melhoria da percentagem de homicídios resolvidos. A elucidação aumentou de 4,1% do total de homicídios, em 2010 (dados do Instituto de Segurança Pública), para 27,5% em 2013 (dados da Divisão de Homicídios). Embora o nível das resoluções ainda seja muito baixo, a melhoria foi acentuada. Esse é um resultado que encontramos com frequência nos programas exitosos.

Não obstante, desde 2013, o estado vem sendo assolado por uma tentativa consciente, por parte das facções criminosas, de desestabilizar esses programas e, através deles, o governo. Em período pré-eleitoral, no contexto da Copa do Mundo e seus escândalos, os avanços sofreram percalços, mas a redução nos indicadores de crime e de violência continuou.

O PAZ NO TRÂNSITO NO DISTRITO FEDERAL

O campo de atuação da segurança pública não se limita ao crime. A visão estreita que identifica a segurança pública com o crime deixa de fora de políticas públicas dezenas de milhares de mortes. Exemplificando: morrem mais pessoas por afogamento no Brasil do que a soma dos homicídios em muitos países (Noruega + Grécia + Irlanda + Suíça + Suécia + Eslovênia + Cingapura + Áustria + Finlândia + Espanha + Canadá + Portugal + Estônia + Dinamarca + Israel + Hungria + República Checa)! Não obstante, o país não tem uma política séria de prevenção de acidentes.

O trânsito compete com os homicídios na triste corrida para o maior número de mortes, particularmente de jovens. Essa constatação nos levou a incluir as mortes no trânsito no escopo deste livro, através da análise de um dos programas de prevenção mais exitosos do país, o Paz no Trânsito, no Distrito Federal.

O projeto teve início numa universidade, a UnB.

Que medidas foram tomadas? Muitas. Uma delas, inicialmente fonte de controvérsia, referia-se ao desrespeito às faixas de pedestres, infração comum que passou a receber punição, com multas e advertências aos motoristas que as desrespeitassem.

As faixas de pedestres tiveram início em abril de 1997. Houve resistência dos motoristas, mas hoje, 20 anos depois, as faixas são respeitadas. Vieram os pardais, o aumento das multas, a vigilância rigorosa sobre os excessos de velocidade. Do lado da mobilização, as campanhas, a marcha pela paz (com aproximadamente 25 mil pessoas vestidas de branco) e muitas outras inovações. A coordenação do movimento se reunia uma vez por mês no Fórum Permanente pela Paz no Trânsito. As reuniões eram na UnB, abertas a todos. Serviram para fazer circular muitas ideias sobre medidas e para conscientizar sobre as necessidades de grupos específicos, como cegos e ciclistas.

Um projeto baseado na mobilização popular requer apoio da mídia. Houve apoios que colocaram o programa no imaginário popular. Não obstante, discutiu-se, no **Correio Brasiliense**, se uma campanha desse tipo "cabia" a um jornal. A disputa interna terminou quando o programa começou a produzir resultados e alguns jornalistas ganhavam reconhecimento. Ana Júlia Pinheiro, por exemplo, escreveu várias reportagens de 1996 até 1997, e seu prestígio cresceu. O apoio incondicional de Alexandre Garcia foi fundamental para que a campanha fosse apoiada pela Rede Globo.

O número de participantes, em si, conferiu ao Paz no Trânsito um caráter político; e o apoio ao movimento cresceu. O Paz no Trânsito ganhou significativo potencial eleitoral.

A administração do Distrito Federal apoiou o movimento desde o início e o incorporou. Em frente ao edifício da administração do GDF foi instalado um placar que calculava o número projetado de mortos, o número de mortos e o número de vidas salvas, que serviam para atualizar o placar.

A preocupação com o apoio da população, indispensável para a continuidade do movimento, estimulou outras formas de informação, como artigos em jornais, participação em programas de rádio e de televisão, palestras, conferências, grupos de estudo etc. O resultado foi um crescimento rápido do apoio. Em resposta à afirmação: "O GDF está resolvendo os problemas do trânsito", os entrevistados poderiam concordar ou discordar. A percentagem concordando começou num patamar baixíssimo: 16% em 30 de agosto de 1996; menos de dois meses depois, em 19 de outubro, já alcançava 40%; em dez dias a aprovação galgou mais quatro pontos e, em 19 de novembro, a última data de aferição, a concordância estava em 59%.

Brasília fechou o ano de 1998 com 5,6 mortos por dez mil veículos. Em janeiro de 1995, o índice era de 11,6 mortos por dez mil veículos; quatro anos de Paz no Trânsito reduziram a mortalidade a 5,6, uma queda de 48,3%. A velocidade média na cidade baixou rapidamente em apenas 36 meses, de 90 km/h para 55 km/h.

A inversão da tendência ao crescimento das mortes no trânsito fica fácil de ver na comparação entre dois gráficos: antes do Paz no Trânsito e durante o programa. Antes do Paz no Trânsito, as mortes no Distrito Federal cresceram, entre 1980 e 1994, no ritmo de 33 mortes a mais cada ano, a partir de 213 mortes. O efeito do programa foi inverter essa tendência, salvando 82 vidas cada ano – em relação ao anterior. O programa salvou 152 vidas no primeiro ano, 304 no segundo, 456 no terceiro, e 708 no quarto. Em quatro anos, 1.620 vidas (Gráf. 27 e 28).

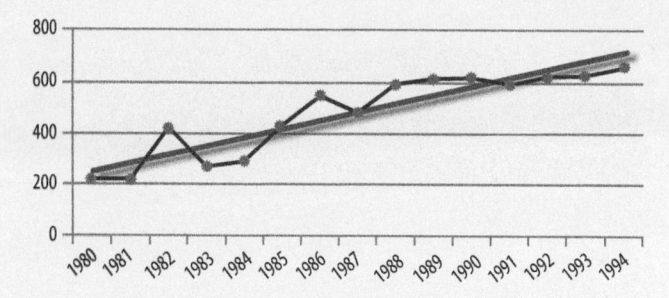

GRÁFICO 27. Número de mortos no trânsito no Distrito Federal até Cristovam Buarque.
Fonte: Denatran.

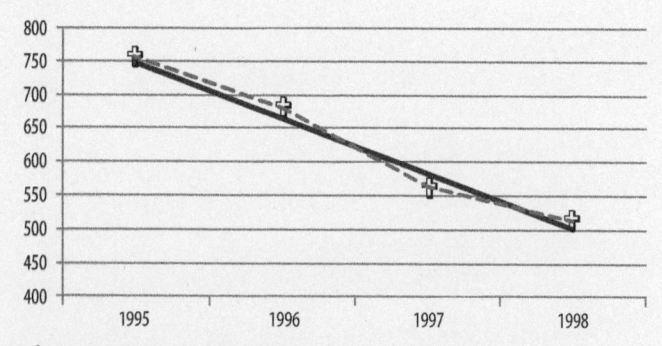

GRÁFICO 28. Número de mortos no trânsito durante a administração Cristovam Buarque.
Fonte: Denatran.

7

Conclusão

ESTE LIVRO PROPÕE, de forma simples, uma tese complexa. Fatores sociais e econômicos contam, mas não determinam os níveis de crimes e de violência. Mesmo dentro das explicações dessa natureza, há muitos fatores formando teias explicativas complexas. A sociologia do crime e da violência de ponta, que absorveu conhecimentos recentes, vai além da pobreza e da desigualdade. Sublinhamos a contribuição valiosa de novas perspectivas, que não se restringem a esses fatores já consagrados.

O livro dá especial importância às limitações das explicações baseadas exclusivamente em fatores econômicos e sociais. Contudo, vai além dessa constatação: analisa programas de contenção e redução do crime e das mortes violentas, mostrando que é possível reduzir crimes e violências através de políticas públicas. Bons governos salvam vidas. As políticas públicas não são "curas", são controles. Servem para reduzir os níveis dos crimes e das violências e para mantê-los baixos. Não são "injeções" nem cirurgias, capazes de curar uma doença a curto prazo. Algumas demoram a produzir frutos e, mesmo depois de conter e reduzir o crime, não podem ser abandonadas.

Os casos de abandono de políticas públicas eficientes produziram, na melhor das hipóteses, o fim da redução do crime e da violência e, na pior, um ressurgimento. A continuidade de políticas inteligentes é indispensável para o seu sucesso. Na segurança pública, as políticas exitosas são de Estado e não de governo. Infelizmente, a história do Brasil, de seus estados e municípios é também a história de abandonos do que funcionava, de "começar tudo outra vez" de "recomeçar de zero". Dois exemplos exitosos estudados, o de Bogotá, durante várias administrações, de partidos e orientações políticas diferentes, e o do Estado de São Paulo, de governos diferentes do mesmo partido, permitiram baixar e continuar baixando esses níveis. Dois exemplos negativos também são apresentados: no Distrito Federal, programas que davam resultado não tiveram sequência, com governadores antagônicos de partidos diferentes, e Minas Gerais, onde programas exitosos foram interrompidos por governos do mesmo partido.

Os programas exitosos foram e são "pacotes" com muitas medidas e alvos diferentes. O mesmo crime, digamos os homicídios, tem tipos diferentes e medidas que reduzem a incidência de um tipo e podem não reduzir a dos demais. As medidas desenhadas especialmente para reduzir as taxas da violência doméstica letal podem não controlar outros tipos de crime, como o que envolve a guerra entre facções criminosas e o tráfico organizado de drogas.

Não obstante, há medidas que ajudam a reduzir as taxas de mais de um tipo de crime e até mesmo de violência não criminosa. Tal é o caso das "leis secas", que reduzem homicídios, suicídios, acidentes e violência doméstica, ou do controle de armas, que também reduz a mortalidade e os feridos em todos esses grupos.

Em termos mais amplos, a política de segurança pública na sociedade brasileira deve se basear na articulação de quatro diretrizes:

1. Redução da impunidade, aumentando as chances de os criminosos serem investigados, processados e, se condenados, custodiados adequadamente em uma unidade prisional;
2. Adoção de programas de prevenção social direcionados aos jovens em territórios de alta vulnerabilidade social;
3. Reforma do Código Penal, Código de Processo Penal e do Estatuto da Criança e Adolescente, de modo a estabelecer penalização mais severa para os crimes violentos;
4. Racionalização da gestão dos programas e projetos de controle da criminalidade.

Todos os programas necessitam de atualização. Não são do tipo cirúrgico e sim tratamentos contínuos, que devem se adequar a patologias sociais em constante mudança. Essa atualização é dependente de outra, a do conhecimento, que também deve ser entendido como um processo dinâmico, sempre mudando. A estagnação do conhecimento faz com que tentemos enfrentar os males do presente usando um arsenal do passado.

O livro dialoga com o imaginário popular a respeito do crime e da violência, procurando adicionar novos olhares e abrindo, através do conhecimento, muitas perspectivas novas. Embora dirigido a esse público maior, dialoga também com estudiosos e agentes do sistema que usam um arsenal explicativo antigo, incompleto e parcialmente obsoleto.

Agindo através desses agentes e estudiosos, procuramos atingir, de maneira indireta, o alvo mais importante para todos nós: salvar vidas.

Bibliografia

ACERO VELÁSQUEZ, Hugo; NÚÑEZ, Adriana; PARRA DIONISIO, Sandra; CASTILLO, Manuel. **Evaluación de la política de seguridad y la convivencia de Bogotá**. Contrato de prestación de servicios profesionales para el análisis y evaluación en materia de seguridad y convivencia ciudadana en Bogotá durante el año 2012. Informe final. Veeduria Distrital, 2013.

ADORNO, Sérgio. **Crime, punição e prisões no Brasil**: um retrato sem retoques. Texto preparado para o Foro Iberoamericano sobre seguridad ciudadana, violência social y políticas públicas. Madrid, 2006.

ADORNO, Sérgio. Discriminação racial e justiça criminal em São Paulo. **Novos Estudos**, Cebrap, n. 43, 1995.

ADORNO, Sérgio; PASINATO, Wânia. Violência e impunidade penal: da criminalidade detectada à criminalidade investigada. **Dilemas**, Revista de Estudos de Conflito e Controle Social, v. 3, n. 7, jan./fev./mar. 2010, p. 51-84.

AFFONSO, Nazareno Stanislaw. **Paz no trânsito em Brasília**: uma revolução de atitudes. Monografia. Instituto da Mobilidade Sustentável, 2000.

AKERS, R.; LEE, G.; BORG, M. Social learning and structural factors in adolescent substance use. **Western Criminology Review**, 5 (1) 17-34, 2004.

APEL, R.; NAGIN, D. General deterrence: a review of recent evidence. In: WILSON, J.; PETERSILIA, J. (Ed.). **Crime and public policy**. New York: Oxford University Press, 2011.

BEATO, Cláudio *et al.* Crime, oportunidade e vitimização. **RBCS**, v. 19, n. 55, jun. 2004.

BEATO, Cláudio. **Crimes e cidades**. Belo Horizonte: Editora UFMG, 2012.

BEATO, Cláudio. Determinantes da criminalidade em Minas Gerais. **Revista Brasileira de Ciências Sociais**, São Paulo, Anpocs, 13(37), jun., p. 74-87, 1998.

BEATO, Cláudio; REIS, Ilka. Desigualdade, desenvolvimento socioeconômico e crime. In: HENRIQUES, R. (Org.). **Desigualdade e pobreza no Brasil**. Rio de Janeiro: Ipea, 2001.

BECKER, G. Crime and punishment: an economic approach. **Journal of Political Economy**, v. 76, p. 169-217, 1968.

BECKER, Howard. **Outsiders**: estudos de sociologia do desvio. Rio de Janeiro: Zahar, 2009.

BLUMSTEIN, Alfred. Prisons: a policy challenge. In: WILSON, James Q.; PETERSILIA, Joan (Ed.). **Crime**: public policies for crime control. Oakland, California: Institute for Contemporary Studies, 2004. p. 451-482.

BLUMSTEIN, Alfred. Youth violence, guns, and the illicit-drug industry. **Journal of Criminal Law and Criminology**, 86, 1995, p. 10-36.

BLUMSTEIN, Alfred; CORK, Daniel. Linking gun availability to youth gun violence. **Law and Contemporary Problems**, 1996, 59, p. 5-24.

BOYUM, D. *et al*. Drugs, crime and public policy. In: WILSON, J.; PETERSILIA, J. (Ed.). **Crime and public policy**. New York: Oxford University Press, 2011.

CANO, Ignacio; SANTOS, Nilton. **Violência letal, renda e desigualdade social no Brasil**. Rio de Janeiro: 7 Letras, 2001.

CANO, Ignácio; TRINDADE, Claudia; BORGES, Doriam; RIBEIRO, Eduardo; ROCHA, Lia. **Os donos do morro**: uma avaliação exploratória do impacto das Unidades de Polícia Pacificadora (UPPs) no Rio de Janeiro. Relatório de maio 2012. Fórum Brasileiro de Segurança Pública, em cooperação com o Laboratório de Análise da Violência (LAV – Uerj). Financiado pela Corporação Andina de Fomento (CAF).

CARDIA, Nancy; ADORNO, Sérgio; POLETO, Frederico. Homicídio e violação de direitos humanos em São Paulo. **Estudos Avançados**, v. 17, n. 47, São Paulo, jan./abr. 2003.

CARDONA, Marleny; GARCÍA, Héctor Iván; GIRALDO, Carlos Alberto; LÓPEZ, María Victoria; SUÁREZ, Clara Mercedes; CORCHOI, Diana Carolina; POSADAI, Carlos Hernán; FLÓREZ, María Nubia. Homicidios en Medellín, Colombia, entre 1990 y 2002: actores, móviles y circunstancias. **Cad. Saúde Pública**, v. 21, n. 3, Rio de Janeiro, maio/jun. 2005.

CERQUEIRA, Daniel. **Causas e consequências do crime no Brasil.** 2010. Tese (Doutorado em Economia) – Programa de Pós-graduação em Economia, Pontifícia Universidade Católica do Rio de Janeiro, Rio de Janeiro.

COELHO, E. C. A criminalidade urbana violenta. **Dados**, Revista de Ciências Sociais, Iuperj, v. 31, n. 2, p. 145-183, 1988.

COHEN, Albert. **Transgressão e controle.** São Paulo: Pioneira, 1968.

CONCHA-EASTMAN, A.; ESPITIA, V. E.; ESPINOSA, R.; GUERRERO, R. La epidemiología de los homicidios en Cali, 1993-1998: seis años de un modelo poblacional. **Rev Panam Salud Pública**, 2002; 12(4):230-239.

CONFEDERAÇÃO NACIONAL DOS MUNICÍPIOS (CNM). **A visão dos municípios brasileiros sobre a questão do crack**, 2010.

COOK, Philip; LAUB, John H. The unprecedented epidemic in youth violence. In: TONRY, Michael; MOORE, Mark H. **Youth violence**. Chicago: University of Chicago Press, 1998.

DALY, Martin; MARGO, Wilson. Killing the competition: female/female and male/male homicide. **Human Nature**, 1990, 1, 1, 81-107.

DATAFOLHA/CRISP. Pesquisa nacional de vitimização, 2013.

DI TELLA, Rafael; EDWARDS, Sebastian; SCHARGRODSKY, Ernesto (Org.). **The economics of crime**: lessons for and from Latin America. Chicago: University of Chicago Press, 2010.

DURKHEIM, Émile. **As regras do método sociológico**. São Paulo: Nacional, 1978.

EASTERLIN, Richard A. **Studies in family planning**, v. 6, n. 3. (Mar), p. 54-63, 1975.

ELIAS, N. **O processo civilizador**. Rio de Janeiro: Zahar, 1994.

Estratégia Nacional de Justiça e Segurança Pública (Enasp). Relatório Nacional da Execução da Meta 2: um diagnóstico da investigação de homicídios no país. Brasília: Conselho Nacional do Ministério Público, 2012.

FELTRAN, Gabriel de Santis. Crime e castigo na cidade: os repertórios da justiça e a questão do homicídio nas periferias de São Paulo. **Cad. CRH**, abr. 2010, v. 23, n. 58, p. 59-73.

FERREIRA DOS SANTOS, Josivânia. **Placar da vida**: bastidores da prática de jornalismo público que mudou o trânsito do Distrito Federal. 2008. Monografia (Bacharel em Comunicação Social) – Faculdade de Ciências Sociais Aplicadas, Centro Universitário de Brasília, Brasília.

FÓRUM BRASILEIRO DE SEGURANÇA PÚBLICA. Anuário Brasileiro de Segurança Pública. 7. ed., 2013.

FUNDAÇÃO JOÃO PINHEIRO. **Fluxo do crime de homicídios no sistema de justiça criminal em Minas Gerais**. Belo Horizonte: Fundação João Pinheiro, 2006.

GASTIL, Raymond. Homicide and a regional subculture of violence. **American Sociological Review**, 36, Jun. 1971, p. 412-427.

GOERTZEL, T.; KAHN, T. The great São Paulo homicide drop. **Homicide Studies**, 13 (4): 398-410, 2009.

GOLDSTEIN, Paul J. The drugs/violence nexus: a tripartite conceptual framework. **Journal of Drugs**, n. 14, 1985.

GONDOLF, Edward W.; SHESTAKOV, Dmitri. Spousal homicide in Russia versus the United States: preliminary findings and implications. **Journal of Family Violence**, 1997, 12, 1, Mar, 63-74.

GOTTFREDSON, M.; HIRSCHI, T. **A general theory of crime**. Stanford: Stanford University Press, 1990.

HACKNEY, Sheldon. Southern violence. In: GRAHAM, Hugh Davis; GURR, Ted Robert (Org.). **The history of violence in America**. New York: Bantam, 1969. p. 505-529.

HIRSCHI, Travis; GOTTFREDSON, Michael. Age and the explanation of crime. In: **American Journal of Sociology**, 89 (1983), p. 552-584.

IBGE. Censo Demográfico 2010. Famílias e domicílios, 2012.

IBGE. Síntese de indicadores sociais. Uma análise das condições de vida da população brasileira, 2010.

INSTITUTO SOU DA PAZ – Investigação e esclarecimento de roubos em São Paulo. 7º Encontro do Fórum Brasileiro de Segurança Pública. Cuiabá, julho de 2013.

KAHN, T.; ZANETIC, A. O papel dos municípios na segurança pública. **Estudos criminológicos** 4, jul. 2005.

KELLING, George L.; WILSON, James Q. **Broken windows**: the police and neighborhood safety. The Atlantic Monthly, March 1, 1982.

KELLING, George; COLES, Catherine. **Fixing broken windows**: restoring order and reducing crime in our communities. Rockland: The Free Press, 1996.

LEMGRUBER, Julita. Controle da criminalidade – mitos e fatos. **Revista Think Tank**. São Paulo: Instituto Liberal do Rio de Janeiro, 2001.

LEVITT, S. The limited role of changing age structure in explaining aggregate crime rates. **Criminology** 37 (3): 581-97, 1999.

LIMA, Renato Sérgio; RATTON, José L.; AZEVEDO, Rodrigo G. (Org.). **Crime, polícia e justiça no Brasil**. São Paulo: Contexto, 2014.

MACUNOVICH, Diane J. Fertility and the Easterlin hypothesis: an assessment of the literature. **Journal of Population Economics**, v. 11, p. 1-59, 1998.

MAGUIRE, E.; ECK, J. Have changes in policing reduced violent crime? An assessment of the evidence. In: BLUMSTEIN, A.; WALLMAN, J. (Org.). **The crime drop in America**. New York: Cambridge University Press, 2000.

MELLO, João M. P.; SCHNEIDER, Alexandre. Assessing São Paulo's large drop in homicides. In: DI TELLA, Rafael; EDWARDS, Sebastian; SCHARGRODSKY, Ernesto (Org.). **The economics of crime**: lessons for and from Latin America. Chicago: University of Chicago Press, 2010.

MERTON, Robert King. **Sociologia**: teoria e estrutura. São Paulo: Mestre Jou, 1970.

MESSNER, S.; THOME, H.; ROSENFELD, R. Institutions, anomie and violent crime: clarifying and elaborating institutional-anomie theory. **International Journal of Conflict and Violence**, v. 2 (2) p. 163-181, 2008.

MISSE, M. **Malandros, marginais e vagabundos & a acumulação social da violência no Rio de Janeiro**. 1999. Tese (Doutorado em Sociologia) – Instituto Universitário de Pesquisas do Rio de Janeiro, Rio de Janeiro.

NERI, Marcelo C. (Coord.). **A nova classe média**: o lado brilhante dos pobres. Rio de Janeiro: Fundação Getúlio Vargas; CPS, 2010.

NERI, Marcelo. Densidade de ocorrências de mortes violentas: homicídios dolosos. In: **Olhar São Paulo** – violência e criminalidade. São Paulo: Núcleo de Estudos da Violência da Universidade de São Paulo, 2008. p. 24-26.

NÓBREGA JÚNIOR, J. M. P. A dinâmica dos homicídios no Nordeste e em Pernambuco. **Dilemas**, Revista de Estudos de Conflito e Controle Social, v. 3, p. 51-74, 2011.

NÓBREGA JÚNIOR, J. M. P. Os homicídios no Nordeste brasileiro. **Segurança, justiça e cidadania**: pesquisas aplicadas em segurança pública, v. 6, p. 31-70, 2011.

NÓBREGA JÚNIOR, J. M. P.; ZAVERUCHA, Jorge. Violência homicida em Campina Grande e João Pessoa: dinâmica, relações socioeconômicas e correlação com o desempenho econômico. **Revista Brasileira de Ciências Criminais**, v. 102, p. 321-336, 2013.

O'BRIEN, Robert M. Relative cohort size and age-specific crime rates: an age-period-relative-cohort-size model. **Criminology**, 27, p. 57-78, 1989.

O'BRIEN, Robert M.; STOCKARD, Jean; ISAACSON, Lynne. The enduring effects of cohort characteristics on age-specific homicide rates, 1960-1995. **American Journal of Sociology**, v. 104, Issue 4, Jan. 1999, p. 1061-1095.

O'KEEFE, Maura. Incarcerated battered women: a comparison of battered women who killed their abusers and those incarcerated for other offenses. **Journal of Family Violence**, 1997, 12, 1, Mar., p.1-19.

PERALVA, A. **Democracia e violência:** o paradoxo brasileiro. São Paulo: Paz e Terra, 2002.

QUÉTELET, Adolphe. **Recherches sur le penchant au crime aux différents âges.** Bruxelles: M. Hayez, 1833.

REINER, R.; MORGAN, R.; MAGUIRE, M (Org.). **The Oxford handbook of criminology.** 4. ed. New York: Oxford University Press, 2007.

RIBEIRO, Ludmila; DUARTE, Thaís. O tempo dos tribunais do júri no Rio de Janeiro: os padrões de seleção e filtragem para homicídios dolosos julgados entre 2000 e 2007. **Dilemas,** Revista de Estudos de Conflito e Controle Social, v. 2, n. 3, jan./fev./mar., 2009.

RIBEIRO, Marcelo; LIMA, Luciana. Mortalidade entre usuários de crack urbana. In: RIBEIRO, M.; LARANJEIRA, R. (Org.). **O tratamento do usuário de crack.** 2. ed. Porto Alegre: Artmed, 2012.

ROBERT, P. The evaluation of prevention policies. **European Journal of Crime, Criminal Law and Criminal Justice,** 11(1), p. 114-130, 2003.

ROLIM, Marcos. **A síndrome da rainha vermelha:** policiamento e segurança pública no século XXI. Rio de Janeiro: Zahar, 2006.

SAMPSON, R. J.; RAUDENBUSH, S. W. Seeing disorder: neighborhood stigma and the social construction of "Broken windows". **Social Psychology Quarterly** 67(4):319-342, 2004.

SAMPSON, R.; GROVES, W. Community structure and crime: testing social-disorganization theory. **American Journal of Sociology,** v. 94, n. 4, p. 774-802, 1989.

SAMPSON, R.; LAUB, J. **Crime in the making.** Cambridge: Harvard University Press, 1995.

SAMPSON, R.; RAUDENBUSH, S.; EARLS, F. Neighborhood and violent crime: a multilevel study of collective efficacy. **Science,** v. 277, 1997.

SÁNCHEZ, F.; DÍAZ, A. M.; FORMISANO, M. **Conflicto, violencia y actividad criminal en Colombia:** un análisis espacial. 2003. Disponível em: economia.uniandes.edu.co.

SAPORI, L. F. **Segurança pública no Brasil:** desafios e perspectivas. Rio de Janeiro: Fundação Getúlio Vargas, 2007.

SAPORI, L. F.; BURIAN, C. A relação entre desemprego e violência na sociedade brasileira: entre o mito e a realidade. **Cadernos Adenauer,** 2001.

SAPORI, L. F.; CARDOSO, S. Desafios da governança do sistema policial no Brasil: o caso da política de integração das polícias em Minas Gerais. **Revista Brasileira de Segurança Pública,** São Paulo, v. 7, n. 1, 102-130, fev./mar. 2013.

SAPORI, L. F.; MEDEIROS, R. (Org.). **Crack:** um desafio social. Belo Horizonte: Editora PUC Minas, 2010.

SAPORI, L. F.; SENA, L.; SILVA, B. Mercado do crack e violência urbana na cidade de Belo Horizonte. **Dilemas,** Revista de Estudos de Conflito e Controle Social, v. 5, n. 1, jan./fev./mar. 2012, p. 37-66.

SAPORI, L. F.; SENA, Lucia. Crack e violência urbana. In: RIBEIRO, M.; LARANJEIRA, R. (Org.). **O tratamento do usuário de crack.** 2. ed. Porto Alegre: Artmed, 2012.

SCHULTE-BOCKHOLT, A. A neo-marxist explanation of organized crime. **Critical Criminology,** 10, p. 225-242, 2001.

SENÉCHAL MACHADO, Vívica Lé. **O comportamento do brasiliense na faixa de pedestre.** 2007. Dissertação (Mestrado em Psicologia), Universidade de Brasília, Brasília. 2007.

SILVA, Luiz Antonio Machado da. Sociabilidade violenta: por uma interpretação da criminalidade contemporânea no Brasil urbano. **Soc. Estado.,** jun. 2004, v. 19, n. 1, p. 53-84.

SKOGAN, Wesley G. **Disorder and decline:** crime and the spiral of decay in American neighborhoods. Berkeley: University of California Press, 1990.

SOARES, Gláucio Ary Dillon. **Não matarás.** Rio de Janeiro: Fundação Getúlio Vargas, 2008. v. 1.

SOARES, Gláucio Ary Dillon. Subdesenvolvimento econômico e social e homicídios no Distrito Federal, 1995 a 1998. **Coleção Segurança com Cidadania,** v. 3, p. 69-90, 2009.

SOARES, Gláucio Ary Dillon; ANDRADE, Sandra R. C. de. As quedas: objeto necessário de políticas públicas e parte inseparável da segurança pública. **Revista Brasileira de Segurança Pública**, v. XX, p. 1-12, 2011.

SOARES, Gláucio Ary Dillon; ANDRADE, Sandra R. C. de; MARINHO, A. C. Bordado nas trevas – por que os suicídios não são uma fatalidade imprevisível. **Insight Inteligência**, abr./maio/jun. 2012. p. 76-82.

SOARES, Gláucio Ary Dillon; ANDRADE, Sandra R. C. de; MARINHO, A. C. Tá lá o corpo estendido no chão. **Insight Inteligência**, out./nov./dez. 2011. p. 126-137.

SOARES, Gláucio Ary Dillon; FERNANDES, C.; PIZZINGA, A.; BORGES, D. Variações sazonais dos homicídios no Rio de Janeiro. **Coleção Segurança com Cidadania**, v. 3, p. 91-106, 2009.

SOARES, Gláucio Ary Dillon; GUIMARÃES, Tatiana. Políticas públicas contam! **Em Debate**, v. 3, p. 6-10, 2011.

SOARES, Luiz Eduardo; MV BILL; ATHAYDE, C. **Cabeça de porco**. Rio de Janeiro: Objetiva, 2005.

SOARES, Luiz Eduardo. Segurança pública: presente e futuro. **Estudos Avançados** 20(56), 2006.

SPELMAN, W. The limited importance of prison expansion. In: BLUMSTEIN, A.; WALLMAN, J. (Org.). **The crime drop in America**. New York: Cambridge University Press, 2000.

STEFFENSMEIER, D.; ALLAN, E. Gender and crime: toward a gendered theory of female offending. **Annual Review of Sociology**, v. 22: 459-487 (August 1996).

STEFFENSMEIER, Darrel; STREIFEL, Cathy; SHIHADED, Edward S. Cohort size and arrest rates over the life course: the Easterlin hypothesis reconsidered. **American Sociological Review** 57, 1992, p. 306-314.

TAQI-EDDIN, Khaled; MACALLAIR, Dan. **Shattering "Broken windows"**: an analysis of San Francisco's alternative crime policies (PDF). Center on Juvenile and Criminal Justice, detailing crime reduction in San Francisco achieved via alternative crime policies, 1999.

TAYLOR, Matthew M.; BURANELLI, Vinícius C. Ending up in pizza: accountability as a problem of institutional arrangement in Brazil. **Latin American Politics & Society**, v. 49, n. 1, Spring 2007, p. 59-87.

TITLE, C.; BURKE, M.; JACKSON, E. Modeling Sutherland's theory of differential association: toward an empirical clarification. **Social Forces**, v. 65 (2) 1986.

UNODC. Global study of homicide, 2011.

VELOSO, Fernando; FERREIRA, Sérgio G. (Org.). **É possível**: gestão da segurança pública e redução da violência. Rio de Janeiro: Contra Capa, 2008.

VILLARREAL, A.; SILVA, Braulio F. Social cohesion, criminal victimization, and perceived risk of crime in Brazilian neighborhoods. **Social Forces**, v. 84, n. 3, 2006.

WACQUANT, Loïc J. D. **Os condenados da cidade**: estudos sobre marginalidade avançada. São Paulo: Revan, 2001.

WAISELFISZ, Julio Jacobo. **Mapa da violência 2013**. Centro Brasileiro de Estudos Latino-Americanos; Flacso Brasil, 2013.

WIEVIORKA, M. O novo paradigma da violência. **Tempo Social**, maio 1997.

WILSON, J. Drugs and crime. In: TONRY, M.; WILSON, J. (Ed.). **Drugs and crime**. Crime and justice. A review of research. Chicago: The University of Chicago Press, 1990.

WILSON, J.; HERRNSTEIN, R. **Crime and human nature**: the definitive study of the causes of crime. New York: The Free Press, 1985. p. 19-68.

WOLFGANG, Marvin; FERRACUTI, Franco. **The subculture of violence**: towards an integrated theory of violence. Londres: Tavistock, 1967.

ZALUAR, Alba. **Condomínio do diabo**. Rio de Janeiro: Revan; UFRJ, 1994.

ZALUAR, Alba. Juventude violenta: processos, retrocessos e novos desafios. **Dados**, v. 55, n. 2, 2012.

ZALUAR, Alba. Violência e crime. In: MICELI, Sérgio (Org.). **O que ler na Ciência Social Brasileira** (1970-1995). v. 1. Antropologia. São Paulo: Sumaré; Anpocs; Brasília: Capes, 1999. p. 13-107.

ZALUAR, Alba; MONTEIRO, M. **Determinantes socioeconômicos da mortalidade de jovens no município do Rio de Janeiro.** Paper preparado para o XXI Encontro Anual da Anpocs, 1998. Mimeo.

ZALUAR, Alba; RIBEIRO, Ana Paula. Teoria da eficácia coletiva e violência. **Novos Estudos**, Cebrap, 84, jul. 2009.

ZILLI, Luís Felipe. **O bonde está formado**: gangues, ambiente urbano e criminalidade violenta. 2011. Tese (Doutorado em Sociologia) – Programa de Pós-graduação em Sociologia, Universidade Federal de Minas Gerais, Belo Horizonte.

ZIMRING, F. **The great American crime decline.** Oxford: Oxford University Press, 2007.

Este livro foi composto em tipologia Minion Pro e Myriad Pro Condensed e impresso
em papel Pólen Soft 80g/m² no miolo, capa em Cartão Supremo 240g/m²,
pela Paulinelli Serviços Gráficos, primavera de 2014.